HEYNE
BÜCHER

PAULA MOORE

DUNKLE SEHNSUCHT

Roman

WILHELM HEYNE VERLAG
MÜNCHEN

HEYNE ALLGEMEINE REIHE
Nr. 01/8114

Titel der Originalausgabe
FORBIDDEN RAPTURE
Aus dem Amerikanischen übersetzt von W. Crass

Der Titel erschien bereits in der Reihe
Heyne Romantic Thriller unter der Nr. 03/2237

2. Auflage
1. Auflage dieser Ausgabe

Printed in Germany 1993
Umschlagillustration: Three Lions, New York
Umschlaggestaltung: Atelier Ingrid Schütz, München
Gesamtherstellung: Ebner Ulm

ISBN 3-453-00174-5

1

Es war Herbst, und die Bäume an den Straßen von Sikeston, Missouri, zeigten sich in leuchtenden Farben. Die kleine Stadt von ungefähr 20000 Einwohnern, am Stiefelabsatz des Missouri, liegt nur zwanzig Meilen von den Ozark-Bergen entfernt, aber von Sikeston bis zu dem ungefähr vierhundertfünfzig Meilen entfernten Golf erstreckt sich eine riesige, ununterbrochene Ebene, die als das Mississippi-Delta bekannt ist.

Das Mississippi-Delta ist Farmland, und obwohl es in Sikeston noch andere Geschäfte und Betriebe gibt, ist im Grunde alles von den Erfolgen der Farmer abhängig.

Auch die lokale Tageszeitung *Bootheel Examiner* ist davon keine Ausnahme. Ihr geschäftlicher Erfolg ist von den Geschäftsanzeigen abhängig, die sie bekommt, und das wiederum steht damit in Verbindung, wie gut die Ernte war.

Es war schon spät am Vormittag, und in der Redaktion des *Bootheel Examiner* rannte alles hektisch herum, um die heutige Ausgabe rechtzeitig unter Dach und Fach zu bekommen.

»Verdammt! Jack, mein Artikel über den neuen Fußballtrainer ist weg«, sagte Mike Hanes, der Sportredakteur.

»Unter welchem Titel haben Sie ihn denn gespeichert?« fragte ein gedrungener Mann mit schütterem Haar, der hinter einem Schreibtisch, mit dem Schild ›Chefredakteur‹ darauf, saß.

»Was?«

»Unter welchem Titel Sie die Story gespeichert haben?«

»Ach so. Also, äh, ich hatte sie noch gar nicht gespeichert. Ich hatte sie noch auf dem Schirm, als ich hinausging, um mir eine Tasse Kaffee zu holen, und als ich wieder zurückkam, war sie weg.«

»Sie dürfen nie einen Artikel einfach nur so auf dem Schirm stehenlassen. Wenn das Netz auch nur ein wenig überbelastet wird, ist er weg«, sagte Jack.

»Verdammt! So war es wohl dieses Mal auch.«

»Nein, ausnahmsweise nicht. Ich habe den Artikel für Sie gespeichert und dann den Bildschirm wieder frei gemacht. Sie können ihn jederzeit unter *Neuer Trainer* wieder abrufen.«

»Vielen Dank, Jack.« Mike gab den Titel ein und wartete, bis sein Artikel auf dem Bildschirm erschien. Das Gerät piepste elektronisch, und während Mike wartete, sah er zu der Tür hinüber. In diesem Augenblick kam eine auffällige, dunkelblonde Frau in die Redaktion. Er grinste breit.

»Hallo, Mandy, kommen Sie und setzen Sie sich zu mir, dann lasse ich Sie auch meinen Artikel lesen.«

»Und später darf ich mir dann noch in Ihrem Zimmer Ihre Briefmarkensammlung anschauen, nicht wahr?« gab Mandy schlagfertig zurück.

»Aber gewiß doch, wenn Sie das gern möchten«, bot ihr Mike an.

»Nein, danke«, sagte Mandy. »Ich bin beschäftigt.« Sie ging mit ihrem typischen entspannten Gang, der eine deutlich sinnliche Ausstrahlung besaß, dabei aber zugleich so unbekümmert wie der eines geschmeidigen Teenagers war, zu ihrem eigenen Schreibtisch hinüber.

Mandy war vierundzwanzig und hatte vor zwei Jahren beim *Examiner* angefangen, nachdem sie ihr Examen in Journalistik an der Universität von Missouri abgelegt hatte. Beim Stab der Zeitung war sie zuerst wegen ihres Aussehens aufgefallen, und sie war tatsächlich sehr hübsch, aber mit ihrer fachlichen Tüchtigkeit und ihrer nüchternen, sachlichen Art gelang es ihr bald, ihre Schönheit zu überwinden. Es mag manchen nun seltsam vorkommen, daß eine Frau ihre Schönheit ›überwinden‹ muß, die doch normalerweise immer als Vorteil betrachtet wird, aber bei ihren Bemühungen um berufliche Anerkennung hatte Mandy schon oft festgestellt, daß gutes Aussehen eher ein – wenn auch nicht unüberwindliches – Hindernis war.

Nun stand sie hinter ihrem Stuhl und lehnte ihren großgewachsenen, schlanken Körper darüber, um sich den Videoschirm anzusehen. Ihre Grübchen wurden tiefer, und ihre smaragdgrünen Augen verengten sich, während sie den Schirm angestrengt musterte. Sie schob sich eine widerspenstige lange Locke aus der Stirn.

»Jack, erinnern Sie sich noch an den Artikel über die Großbaustelle Poplar Bluff Road, der vor ungefähr zwei Monaten bei uns erschienen ist?«

Der Chefredakteur des *Examiner* sah von einem Artikel auf, den er gerade las.

»Welchen Artikel?«

»Der, in dem es um die Ausschreibung ging«, antwortete Mandy.

»Ja, ich glaube schon. Warum?«

»Unter welchem Titel war er gespeichert?«

»*Ausschreibung Bluff Road,* glaube ich«, sagte Jack.

Mandy ging um ihren Stuhl herum, setzte sich hin und tippte den Titel ein. Es folgte ein kurzes Piepsen, und einige Sekunden später erschien der Artikel auf dem Bildschirm.

»Ah ja«, sagte Mandy. »Da ist er ja.«

Jack stand hinter seinem Schreibtisch auf, kam zu Mandy herüber und stellte sich hinter sie.

Jack war Anfang Fünfzig und beim *Bootheel Examiner* allgemein sehr beliebt. Das Blatt gehörte zu einer Kette von ungefährt zweihundert Zeitungen, der *World Newspaper Alliance*, für die Jack früher einmal als einer der Spitzenreporter gearbeitet hatte. Er war vor zwanzig Jahren für seine Berichterstattung über die Ereignisse, die zu der Ermordung des südvietnamesischen Präsidenten Diem geführt hatten, für den Pulitzerpreis nominiert worden. Damals war er von David Halberstam knapp geschlagen worden, der dann später reich und berühmt wurde, während Jack in der Versenkung verschwand. Vor zwanzig Jahren hatte er aber einmal kurz im Rampenlicht gestanden, und jetzt war er es zufrieden, relativ ruhig und beschaulich zu leben und eine Kleinstadtzeitung zu leiten. Der *Bootheel Examiner* war Jacks Belohnung von der *World Newspaper Alliance* für jahrelange treue Dienste, und außerdem war das eine Möglichkeit, einen Reporter in den Ruhestand zu schicken, der vor dem Rentenalter schon ausgebrannt war.

Mandy aktivierte den Zeilendurchlauf, bis sie den Absatz gefunden hatte, nach dem sie auf der Suche gewesen war.

»Er hatte recht«, sagte sie geheimnisvoll.

»Mandy, was ist eigentlich los?« fragte Jack. »Wonach suchen Sie denn?«

»Ich habe heute früh einen Tip bekommen«, sagte Mandy.

»Mandy, Sie wissen doch, was ich von anonymen Hinweisen halte.«

»Das war kein anonymer Hinweis«, verteidigte sich Mandy. »Er kam aus Chance Baileys Büro.«

»Chance Bailey? Das ist ja noch schlimmer. Er bewirbt sich doch um das Senatorenamt im Staat, und alles, was er sagt, dient ganz sicher nur seinen eigenen Interessen.«

»Das kann ja sein«, gab Mandy zu. »Aber vielleicht ist es dazu noch wahr.«

Jack seufzte und zog sich einen Stuhl her. Er hatte sich seine Tasse Kaffee mitgebracht, die er nun auf ihrem Schreibtisch abstellte.

»Na schön, Mandy, worum geht es denn?« fragte er.

»Nach Chance ist bei dem Bauvorhaben Poplar Bluff Schiebung im Spiel.«

»Inwiefern?«

»Also, erstens einmal war die Ausschreibung nicht sauber.«

»Ich verstehe. Und Sie sehen hier etwas, was diesen Vorwurf bekräftigt, oder?«

»Allerdings tue ich das«, sagte Mandy. »Wie Sie sehen, haben nur drei Firmen tatsächlich an der Ausschreibung teilgenommen. Das war Kruller, Delta Hoch- und Tiefbau und die Baufirma Todaro. Da steht es doch, genau da.«

»Na bitte, also haben drei Firmen an der Ausschreibung teilgenommen. Na und?«

»Kruller ist ausgeschieden, weil er vom Straßenbauamt suspendiert worden ist. Ein Teil der Brücken, die seine Firma gebaut hat, hat den Sicherheitsbestimmungen nicht entsprochen.«

»Stimmt«, sagte Jack. »Aber die Pläne für die Ausschreibung waren alle schon vor seiner Suspendierung eingereicht. Außerdem ist gerade eine Untersuchung des Verkehrsministeriums herausgekommen, nach der die Brücken in Missouri von fünfzig an neunundvierzigster Stelle stehen, was die Sicherheit betrifft. Das ist also ein Problem, das nicht auf Kruller beschränkt ist, und mit den Ausschreibungen für das Bauvorhaben Poplar Bluff hat es nichts zu tun.«

»Ich weiß«, sagte Mandy. Sie drehte sich mit ihrem Drehstuhl um, sah Jack an und lächelte triumphierend. »Was würdest du aber sagen, wenn es sich herausstellen sollte, daß Luke Todaro schon lange vor der Ausschreibung von der kommenden Suspendierung gewußt hat?«

»Wie sollte er das denn herausbekommen haben?« fragte Jack. »Die Sache kam doch für alle völlig überraschend.«

»Nicht für Luke Todaro«, sagte Mandy. »Chance Bailey hat in seinem Besitz eine unterzeichnete Aussage von einem Beamten der Straßenbaubehörde, nach der er Luke Todaro diese Information für tausend Dollar verkauft hat.«

»Glauben Sie ihm?«

»Ich habe die Aussage gesehen«, sagte Mandy. »Sie ist vom Notar beglaubigt.«

»Selbst wenn es wahr ist, was dann?« fragte Jack. »Es war schließlich nicht illegal, diese Information schon vorher zu besitzen. Für mich ist das von ihm nicht mehr als aggressive Geschäftstüchtigkeit, und von der Straßenbaubehörde ist es schlampige Qualitätskontrolle. Er hat gegen kein Gesetz verstoßen, wenn er dafür bezahlt hat. Außerdem war an der Ausschreibung noch eine dritte Firma beteiligt. Das hat also keinen großen Unterschied gemacht, weil Todaro trotzdem das beste Angebot machen mußte.«

Mandys Lächeln wurde breiter, und sie schlug einen Aktenordner auf, der vor ihr auf dem Schreibtisch lag. Sie nahm eine Fotokopie heraus und zeigte sie Jack.

»Was ist das denn?«

»Das ist die Kopie eines Dokuments«, sagte Mandy. »Es belegt, daß die Firma Delta Hoch- und Tiefbau einem gewissen Luciano Todaro gehört.«

»Was?« sagte Jack und griff danach. Er sah sich die Kopie einen Moment an und stieß dann einen Pfiff aus. »Woher haben Sie das?«

»Von Chance Bailey.«

»Haben Sie auch überprüft, ob das echt ist?«

»Noch nicht«, mußte Mandy zugeben. »Ich wollte mich zuerst davon überzeugen, ob Delta wirklich die zweite Firma war, die bei der Ausschreibung damals mitgeboten hat. Deshalb bin ich wieder hergekommen, um den Artikel noch mal durchzulesen.«

»Das läßt sich ganz einfach nachprüfen«, sagte Jack. »Wir brauchen bloß beim Gewerbeaufsichtsamt in Jefferson City anzurufen. Wie steht es denn mit der Staatsanwaltschaft? Ist man dort schon informiert?«

»Ich weiß es nicht«, sagte Mandy. »Müssen wir es ihnen denn unbedingt sagen, bevor wir die Geschichte bringen?«

Jack nahm einen Schluck Kaffee aus seiner Tasse. Er starrte über ihren Rand, als würde er ganz weit entfernt etwas sehen.

»In den alten Tagen war ich noch so ungeduldig, daß es mir ganz egal gewesen wäre«, sagte er. »Ich hätte mich einfach Hals über Kopf hineingestürzt. Jetzt aber würde ich eher sagen, warten wir ab. Ich rufe einen Anwalt an, und wir besprechen die Angelegenheit im Konferenzzimmer. Inzwischen holen Sie sich Mike Swain. Der soll Ihnen helfen.«

»Wer?«

»Mike Swain. Er ist unser Mann in Jefferson City. Wir bezahlen ihn dafür, daß er in solchen Fällen die Vorarbeiten erledigt. Lassen Sie von ihm die Echtheit dieses Dokuments bestätigen.«

»Also gut«, sagte Mandy und nahm das Telefon neben ihrem Terminal von der Gabel.

Das Konferenzzimmer war ein mit Teppichboden ausgelegter und getäfelter Raum, der von einem langen Tisch mit einigen Stühlen daran beherrscht wurde. Die Wände waren von Titelseiten des *Examiner* beherrscht, die bis vor den Ersten Weltkrieg zurückreichten.

›ENGLISCHER PASSAGIERDAMPFER TITANIC GESUNKEN! ZAHLREICHE TODESOPFER!‹ verkündete eine balkendicke Schlagzeile. Weitere Schlagzeilen meldeten den Waffenstillstand nach dem Ersten Weltkrieg; eine verheerende Überschwemmung des Missouri im Jahr 1937; den Überfall auf Pearl Harbour; das Ende des Zweiten Weltkriegs, und die Landung des ersten Menschen auf dem Mond. Kurz danach wurde der *Examiner*, der bis dahin im Familienbesitz der Parkers gewesen war, verkauft. Das Blatt wurde zu einem Teil einer Zeitungskette, und obwohl auch noch später bedeutende Ereignisse gemeldet wurden – in den meisten ging es um Watergate –, hatten sie für Mandy nicht mehr die gleiche Magie wie die alten Schlagzeilen.

In den alten Tagen befand sich die Zeitung noch in Privatbesitz. Sie sprach mit einer Stimme, der Stimme ihres Eigentümers, Charles Parker, und diese Stimme sprach mit einer festen Autorität. Männer, die sich um öffentliche Ämter bewarben oder sie bereits bekleideten, suchten die Gunst der Parkers, zuerst von Charles, dann von Charles junior, und dann von Charles dem Dritten. Nun war der *Bootheel Examiner* nicht mehr als ein kleines Rädchen in einer riesigen Maschinerie. Charles III. hatte sich mit dem Geld, das er für die Zeitung bekommen hatte, nach Florida zurückgezogen, und seitdem war viel von ihrer Autorität verlorengegangen.

Mandy glaubte das aus ganzem Herzen, obwohl sie solche Gedanken niemals laut ausgesprochen hätte. Sie hätte das für unloyal gehalten. Sie liebte ihre Arbeit, und sie arbeitete gern für Jack Roberts.

Mandy hatte für das Talent, das Jack früher gezeigt hatte, einen hohen Respekt, aber manchmal dachte sie bei sich, daß er dem Zeitungswesen keinen guten Dienst erwies, wenn er sich hier in Sikeston vergrub. Er war noch ein relativ junger Mann; warum war er dann nicht in Washington oder im Libanon oder in El Salvador? War es wirklich wahr, was manche munkelten? War er tatsächlich ausgebrannt?

»Sind Sie hier drinnen, Mandy?« rief Jack.

»Ja«, sagte Mandy. Sie hatte gerade in dem Artikel über die Überschwemmung von 1937 gelesen. Es war einer der letzten Artikel, die Charles senior selbst geschrieben hatte, und er hatte seine Sache gut gemacht. Es war ein lokales Ereignis, das die ganze Nation interessiert hatte, und die Pressedienste hatten den Artikel fast wörtlich übernommen.

»David Dolan ist hier, um uns legal zu beraten«, sagte Jack. »Was haben Sie inzwischen über das Dokument herausbekommen?«

»Die Angaben stimmen«, sagte Mandy. »Beide Firmen gehören Todaro.«

David Dolan war ein kleiner Mann mit dünnem, blondem Haar und eisblauen Augen. Er setzte sich an den Tisch und griff mit Händen, die so zierlich wie die von Mandy waren, nach dem Schriftstück.

»Ja«, sagte er. »Ich würde sagen, daß es sich hier um einen direkten Beweis dafür handelt, daß Mr. Todaro sich in Zusammenhang mit diesem Bauauftrag betrügerischer Machenschaften schuldig gemacht hat. Wenn Sie das veröffentlichen, wird es ihm sehr schaden.«

»Können wir es denn jetzt schon veröffentlichen?« fragte Jack. »Oder müssen wir es erst staatlichen Stellen vorlegen?«

Dolan lächelte. »Der Staat hat das doch schon in der Hand«, sagte er.

»Wie meinen Sie das?«

»Haben Sie sich nicht im Archiv von der Echtheit dieses Dokuments überzeugt?«

»Doch, beim Gewerbeaufsichtsamt«, antwortete Mandy.

»Na bitte, da haben Sie es ja«, sagte Dolan. »Das ist lediglich die Kopie eines Schriftstücks, das die Autoritäten bereits haben. Sie tun ihnen nur einen Gefallen, wenn Sie sie indirekt dazu auffordern, sich das genauer anzuschauen, was in ihren Archiven liegt. Ich würde das kaum Behinderung der Strafverfolgung nennen.«

Mandy lächelte breit. »Sie meinen, wir können die Sache bringen?«

»Ja, natürlich«, sagte Dolan.

»Und was ist mit Todaro?« fragte Jack. »Kann er nicht gegen uns vorgehen?«

»Was kann er schon groß machen?« fragte Dolan. »Er kann schließlich kaum behaupten, daß es das Schriftstück hier nicht gibt. Wir haben es, und wir haben seine Echtheit überprüft.«

»Ja, aber vielleicht gibt es noch eine Erklärung dafür«, meinte Jack. »Vielleicht sollten wir erst einmal mit ihm darüber sprechen.«

»Das können Sie natürlich tun, wenn Sie wollen«, sagte Dolan. »Rein juristisch ist es aber nicht nötig.«

»Vielen Dank, David«, sagte Jack und rieb sich mit einer Hand das Kinn. »Ich möchte mich noch etwas mit Mandy darüber unterhalten.«

»Aber sicher«, sagte Dolan. »Wenn Sie sonst noch etwas von mir wissen wollen, brauchen Sie es bloß zu sagen.«

Mandy sah hinter David Dolan her, bis er hinausgegangen war, und dann drehte sie sich zu ihrem Chefredakteur um. Das könnte *der* Knüller ihrer Karriere werden – würde er ihr jetzt etwa sagen, daß sie die Geschichte nicht bringen sollte?

»Sie möchten die Geschichte unbedingt drucken, nicht?« fragte Jack.

»Ja«, sagte Mandy. »Jack, das ist eine große Sache.«

»Oh, da bin ich ganz Ihrer Meinung, das ist eine große Sache. Obwohl die Information von Chance Bailey stammt.«

»Sie mögen Chance nicht, oder?«

»Nicht besonders. Es tut mir leid, zumal ich weiß, daß Sie ihm gegenüber romantische Gefühle hegen.«

Mandy wurde rot, und zu ihrer Überraschung lachte Jack leise.

»Es ist wirklich erfrischend, daß auch sogenannte ›moderne Frauen‹ noch rot werden können«, sagte er. »Es steht Ihnen.«

»Wie kommen Sie zu der Ansicht, daß ich Chance Bailey gegenüber romantische Gefühle hege, wie Sie es nennen?«

»Na ja, Sie sind schließlich eine schöne junge Frau, und er ist ein erfolgreicher Geschäftsmann, den man, soweit ich informiert bin, allgemein als gut aussehend und charmant beschreibt. Außerdem ist er politisch im Aufstieg begriffen. Im Augenblick bewirbt er sich für ein Senatorenamt im Staat, aber alle sind sich darüber einig, daß die nächste Stufe entweder ein Gouverneursposten oder ein Senatorenamt im US-Senat sein wird. Sie müssen zugeben, daß er ein sehr ehrgeiziger Mann ist.«

»Ehrgeiz ist kein Verbrechen«, sagte Mandy.

Sie bereute die Worte, sobald sie sie gesagt hatte. Sie sah, daß ein Schatten über sein Gesicht zog und wußte, daß sie ihn damit getroffen hatte.

»Aber ein Mangel an Ehrgeiz auf jeden Fall«, sagte er.

»Jack, das habe ich doch nicht gesagt«, sagte Mandy. »Es steht mir nicht zu, irgendein Urteil über Sie zu fällen.«

Wieder lachte Jack leise. »Das haben Sie aber gerade getan, meine schöne, junge Journalistin, oder nicht? Machen Sie sich deshalb aber keine Gedanken. Ich habe mich mit meiner Lage schon lange abgefunden. Außerdem sprechen wir hier nicht über meinen Ehrgeiz, sondern den von Chance Bailey – und Ihren.«

»Meinen Ehrgeiz?«

»Wenn Sie diese Geschichte veröffentlichen, wird Sie das beruflich doch sehr weiterbringen, nicht wahr? Wer weiß, vielleicht gewinnen Sie sogar einen Preis damit.«

»Und was haben Sie daran auszusetzen?«

»Nicht das geringste, meine Liebe. Ihr Eifer ist, im Gegenteil, sehr lobenswert. Die Frage ist nur, was es Chance Bailey bringen wird, wenn Sie die Geschichte an die Öffentlichkeit bringen.«

Mandy trommelte mit ihren Fingern auf der Tischplatte. »Todaro unterstützt doch Donlevy in seiner Kandidatur um das Senatorenamt. Er hat schon Wahlkampfveranstaltungen für ihn organisiert und sich sonst nützlich gemacht.«

»Ganz richtig. Chance Bailey hat also zwei Möglichkeiten, aus der Sache für sich Profit zu schlagen. Entweder muß sich Donlevy von Todaro und seiner Unterstützung trennen, oder er wird die Konsequenzen tragen müssen, wenn die Angelegenheit auffliegt.«

»Ja«, sagte Mandy.

»Es freut mich, daß Sie es einsehen, daß Bailey Ihnen diese Information nicht aus rein altruistischen Motiven überlassen hat.«

»Er hätte sie auch jemand anderem geben können«, verteidigte ihn Mandy. »Zum Beispiel dem *South East Missourian* in Cape Girardeau oder der *Post-Dispatch* in St. Louis.«

»Ja, schon möglich«, sagte Jack.

»Jack, wenn Sie meinen, daß wir die Sache nicht bringen sollten – wenn Sie meinen, die Sache wäre nicht sauber, kann ich...«

»Davon habe ich nichts gesagt«, unterbrach sie Jack.

»Vielleicht sollte ich vorher mit Luke Todaro sprechen«, schlug Mandy vor.

»Die Idee wäre vielleicht nicht schlecht.«

»Was meinen Sie wohl, wie er reagieren wird?«

»Ich weiß es nicht«, sagte Jack. »Haben Sie ihn schon einmal gesehen?«

»Nein.«

»Er ist ein – interessanter Mann«, sagte Jack.

»Wie meinen Sie das, ›interessant‹?«

»Alle sprechen von ihm, als würden sie ihn kennen, aber ich habe herausbekommen, daß das nur bei sehr wenigen Leuten tatsächlich der Fall ist. Angeblich hat er Beziehungen.«

»Beziehungen? Zu wem denn?«

»Man sagt, sein Großvater sei in New York ein Mafia-Chef gewesen, und daß noch immer Mitglieder seiner Familie in Mafia-Geschäfte verwickelt wären.«

»Er auch?«

»Manche behaupten es.«

»Und was meinen Sie?«

»Ich weiß nicht, was ich glauben soll«, sagte Jack.

»Das ist doch die Art von zwielichtigen Geschäften, die so jemand machen würde, nicht wahr?« fragte Mandy und hielt das Dokument hoch. »Ich meine, die Mafia würde doch bei einer Ausschreibung betrügen, wenn das ginge, nicht?«

»Ja«, sagte Jack. »Das ist genau die Art von Geschäften, die das organisierte Verbrechen versuchen würde. Und wenn Todaro tatsächlich zu diesen Kreisen gehört, sollten Sie sich vielleicht noch etwas überlegen.«

»Was denn?« fragte Mandy.

»Haben Sie schon einmal von einem gewissen Mack Bolins gehört?«

»Mack Bolins? Nein, ich glaube nicht«, sagte Mandy.

»Er war Reporter bei der *Phoenix Daily Republic* in Arizona. Er war ein sehr prominenter Mitarbeiter einer sehr großen Zeitung. Er hat sich darauf verlassen, daß ihn diese Prominenz schützen würde.«

»Jack, worauf wollen Sie eigentlich hinaus?« fragte Mandy.

»Mack untersuchte Aktivitäten der Unterwelt in Phoenix«, sagte Jack. »Eines Nachts hat er einen Anruf bekommen und einen Tip erhalten. Bolins ist weggegangen, um der Sache nachzugehen, und sie haben ihn umgenietet.«

»Sie haben *was*?«

»Sie haben ihn umgebracht.«

Mandy fing an zu lachen, aber es war nur ein halbherziges Gelächter, das bald wieder erstarb. »Sie glauben doch wohl nicht, daß so etwas in Sikeston passieren könnte?« sagte sie. »Wir sind hier in einer Kleinstadt und nicht in Phoenix.«

»Was reden Sie denn da, Mandy? Meinen Sie, hier hat es noch nie einen Mord gegeben?«

»Natürlich hat es hier auch schon Morde gegeben, aber...«

»Mandy, bei diesem Auftrag geht es doch um einige Millionen Dollar, wenn ich mich recht erinnere.«

»Ganz richtig.«

»Das reicht als Mordmotiv doch wohl allemal aus, auch wenn die Stadt noch so klein ist.«

Mandy überlief es eiskalt, aber sie holte tief Luft und ließ sich nichts davon anmerken.

»Das ist mir gleich«, sagte sie. »Die Story ist zu heiß,

und ich kann sie nicht einfach auf sich beruhen lassen. Ich mache weiter, und zuerst besuche ich Luke Todaro.«

»Na gut«, sagte Jack. »Ich stehe voll und ganz hinter Ihnen. Wenn es aber brenzlig wird, sagen Sie bloß nicht, ich hätte Sie nicht gewarnt.«

2

Die Baufirma Todaro war in einem großen Lagerhaus südlich von der Stadt untergebracht. Als Mandy hinkam, war auf dem Besucherparkplatz nichts mehr frei, und deshalb fuhr sie um das Gebäude herum und stellte ihren kleinen Mercury Lynx neben der Verladerampe ab. Sie stieg aus, verschloß die Türen und ging zurück zum Besuchereingang an der Vorderfront.

Die Sekretärin am Empfang war auch für die Telefonzentrale zuständig und daher sehr beschäftigt, aber als Mandy auf sie zukam, rang sie sich trotzdem ein höfliches Lächeln ab.

»Guten Tag. Wie kann ich Ihnen helfen?«

»Ich bin Mandy Powers vom *Examiner*. Ich möchte bitte mit Mr. Todaro sprechen.«

»Sind Sie angemeldet?«

»Ich wußte nicht, daß das nötig ist.«

»Einen Augenblick, ich werde in seinem Büro anrufen.« Sie drückte auf einen Knopf. »Kathy, hier ist jemand von der Zeitung für Mr. Todaro. Sie ist aber nicht angemeldet. In Ordnung, vielen Dank.« Die Sekretärin legte wieder auf und drehte sich zu Mandy um. »Er ist nicht da«, sagte sie.

»Ist er wirklich nicht da, oder nur für mich nicht?«

»Ich kann Ihnen nur wiederholen, was seine Sekretärin gesagt hat, und nach ihrer Auskunft ist er nicht da.«

»Haben Sie etwas dagegen, wenn ich auf ihn warte?«

»Ich weiß aber wirklich nicht, wann er wieder zurückkommt.«

»Ich werde warten.«

»Wie Sie wollen. Wenn Sie dann bitte draußen Platz nehmen wollen.«

»Danke«, sagte Mandy. »Sie können ihm übrigens ausrichten, daß ich an einem Bericht über die Firma Delta sitze und weiß, daß sie ihm gehört.« Sie sah beim Hinausgehen auf die Uhr. Es war halb drei. »Ich werde ihm eine Stunde geben.«

Um vier Uhr legte Mandy ihre Zeitschrift hin und ging wieder zu dem Schreibtisch der Empfangssekretärin zurück.

»Ach du lieber Gott, Sie sind ja immer noch da«, sagte die Sekretärin.

»Ja«, sagte Mandy. »Wie Sie sehen, habe ich anderthalb Stunden auf ihn gewartet. Ich wollte ihm auf jeden Fall eine Möglichkeit geben, selbst Stellung zu beziehen.«

»Es tut mir furchtbar leid, aber er war den ganzen Nachmittag nicht hier.«

»Es fällt mir schwer, zu glauben, daß jemand eine Firma leiten kann, ohne selbst herzukommen.«

»Wenn Sie vielleicht morgen ganz früh noch einmal hereinschauen könnten«, schlug ihr die Sekretärin vor.

»Morgen früh ist es zu spät«, sagte Mandy. »Ich werde den Artikel morgen bringen.«

Als Mandy aus dem Büro ging, konnte sie ihre Frustration kaum unterdrücken. Sie hatte ihn schließlich aufgesucht, um ihm Gelegenheit zu geben, seine Seite der Angelegenheit darzustellen. Sie hätte das nicht tun müssen, aber sie war bereit, Mr. Todaros Version zu hören und eventuell zu glauben. Das bedeutete aber nicht, daß sie ewig auf ihn warten würde. Vielleicht würde sie ihm morgen früh eine allerletzte Chance geben. Wenn sie ihn früh genug erreichen konnte, war es auch dann noch nicht zu spät.

Mandy ging zu der Verladerampe, blieb aber wie angewurzelt stehen, als sie um die Ecke gebogen war. Ihr Auto war weg!

»Mein Wagen!« sagte sie laut. »Jemand hat meinen Wagen gestohlen!«

Nur die Ruhe, befahl sie sich selbst. Das Auto mußte einfach noch hier sein. Vielleicht hatte sie es nicht an dieser Rampe, sondern auf der anderen Seite des Gebäudes abgestellt.

Mandy sah sich um, aber es konnte kein Zweifel daran bestehen, daß sie ihr Auto hier geparkt hatte. Jetzt war es aber offensichtlich nicht mehr da.

Wie war das möglich? Sie hatte es doch abgeschlossen. Sie erinnerte sich ganz deutlich, daß sie es abgeschlossen hatte, nachdem sie ausgestiegen war.

Mandy drehte sich auf einem Absatz herum und ging zurück zu der Empfangssekretärin. Sie wurde zwar wieder mit einem Lächeln begrüßt, das aber bei weitem nicht mehr so strahlend war wie beim erstenmal.

»Könnten Sie für mich die Polizei rufen?« fragte Mandy.

»Die Polizei? Aber warum denn?«

»Weil mein Wagen gestohlen worden ist«, sagte Mandy.

»Gestohlen?« wiederholte die Sekretärin, als hätte sie das Wort nicht verstanden.

»Ganz richtig, gestohlen«, sagte Mandy erregt. »Muß ich Ihnen denn alles zweimal sagen? Ich hatte ihn direkt dort draußen abgestellt, und jetzt ist er weg.«

»Wo genau hatten Sie ihn denn geparkt?«

»Gleich draußen«, sagte Mandy. »Direkt neben dieser langen Betonrampe. Würden Sie vielleicht jetzt bei der Polizei anrufen?«

»Ach, an der Verladerampe haben Sie geparkt? Dann ist Ihr Auto wahrscheinlich nicht gestohlen.«

»Was soll das denn heißen, nicht gestohlen? Es ist doch nicht mehr da!«

»Mr. Todaro erlaubt es nicht, daß dort Autos geparkt werden«, sagte die Sekretärin. »Sie behindern die Lastwagen, die dort Material und Baumaschinen auf- und abladen.«

»Er *erlaubt* es nicht, daß Autos dort geparkt werden? Was stellt er denn mit den Autos an, die er dort vorfindet? Walzt er sie mit einer Straßenwalze platt?«

»Ich glaube, das würde er tatsächlich tun, wenn er das könnte«, sagte die Sekretärin. »Ich werde Tony anrufen. Das ist der Vorarbeiter im Lagerhaus.«

Mandy trommelte ungeduldig mit den Fingernägeln auf den Empfangstisch, während die Sekretärin telefonierte. Einen Moment später legte sie wieder auf und lächelte Mandy zu.

»Sie haben Ihr Auto mit einem Gabelstapler weggeschafft«, sagte sie. »Sie finden es am hinteren Ende des Besucherparkplatzes.«

»Mit einem Gabelstapler? Wenn sie mein Auto beschädigt haben ...«

»Sie sind damit sehr geschickt«, sagte die Sekretärin. »Ich bin sicher, daß Ihrem Auto nichts passiert ist.«

»Gehört Ihnen der blaue Lynx?« fragte ein gedrungener, bärtiger Mann, der in diesem Augenblick hereingekommen war.

»Ja. Wissen Sie, wo er ist?«

»Das will ich hoffen. Ich habe ihn schließlich selbst dorthin gebracht«, sagte der Mann. »Mein Name ist

Tony.« Er streckte eine große Hand aus, aber Mandy ignorierte sie auffällig.

»Wenn Sie mich jetzt bitte zu meinem Wagen bringen würden«, sagte sie kühl.

»Sicher. Kommen Sie mit; ich zeige Ihnen, wohin ich ihn gebracht habe.« Tony lachte in sich hinein. »Er war ganz leicht, und es war einfach, mit ihm umzugehen. Einmal hatten wir hier einen Mann mit einem Cadillac. Damit hatte ich bedeutend mehr Schwierigkeiten. Wissen Sie aber, was ich damit gemacht habe? Ich habe ihn so nahe an einen Laternenpfahl gestellt, wie ich konnte, damit der Fahrer sich mit seinem Auto genauso abmühen mußte wie ich.«

Mandy ging hinter Tony her hinaus und folgte ihm zu dem Besucherparkplatz. Tony deutete zu der anderen Seite des Parkplatzes hinüber.

»Ganz da hinten steht er«, sagte er. »Soll ich Sie noch hinbegleiten?«

»Bemühen Sie sich nicht!« sagte Mandy scharf.

Tony lachte wieder. »Na schön«, sagte er. »Wie Sie wollen.«

Sobald Mandy ihr Auto erreicht hatte, untersuchte sie es genau. Trotz ihrer intensiven Prüfung konnte sie keinen Schaden entdecken, der auf den Transport mit dem Gabelstapler zurückzuführen gewesen wäre.

Ein Hubschrauber flog dicht über ihrem Kopf vorbei und landete auf einer markierten Stelle auf dem Parkplatz hinter dem Gebäude. Als sich Mandy danach umsah, bemerkte sie zwei Männer, die aus dem Gebäude herausgerannt kamen und in den Hubschrauber einstiegen. Sie hatte Todaro noch nie getroffen – noch nicht einmal ein Bild von ihm hatte sie gesehen –, aber die beiden Männer waren sowieso zu weit weg, um ihre Gesichter erkennen zu können. Sie hätte aber darauf wetten können, daß einer der beiden Todaro war. Er war die ganze Zeit in der Firma gewesen! Er hatte sich verleugnen lassen, während sie vorne in der Rezeption auf ihn wartete.

»Warten Sie!« rief Mandy. »Mr. Todaro, warten Sie! Ich muß mit Ihnen sprechen.« Sie rannte auf den Hubschrauber-Landeplatz zu, aber anscheinend bemerkten die beiden Männer sie nicht. Sie sah, wie der letzte der beiden in den Hubschrauber einstieg und die Tür schloß, als sie noch fünfzig Yards von ihm entfernt war.

»Warten Sie doch!« rief sie noch einmal und wedelte hilflos mit den Armen in der Luft herum.

Der Pilot zog den Jet Ranger hoch, drehte an Ort und Stelle, so daß der Hubschrauber nun mit der Nase auf sie zeigte, flog auf sie zu und zog die Maschine dabei gleichzeitig weiter hoch. Er überflog sie in ungefähr fünfzig Yards Höhe. Sie wußte genau, daß die Insassen sie sahen. Sie mußten sie einfach sehen! Und trotzdem reagierten sie nicht im geringsten auf sie.

Der Hubschrauber überflog sie so tief, daß sie voll von dem Wind seiner Rotoren erfaßt wurde. Ihre Frisur wurde durcheinandergeweht, und der aufgewirbelte Staub prasselte ihr schmerzhaft an die Wangen. Sie war gezwungen, die Augen zuzudrücken und sich abzuwenden, um dem Tornado zu entkommen.

»Na schön, dann vergessen Sie es eben, Mr. Todaro«, sagte sie laut und drohte dem wegfliegenden Hubschrauber wütend mit der Faust. »Ich habe nicht die Absicht, Sie morgen früh noch einmal aufzusuchen. Wenn Sie noch etwas zu sagen haben, können Sie das tun, nachdem mein Artikel erschienen ist.«

Wütend ging Mandy zu ihrem Auto und fuhr in die Redaktion zurück.

»Was hat er gesagt?« fragte Jack, als sie hereinkam.

»Nicht einmal angehört hat er mich«, sagte Mandy.

»Zuerst hat er mich den ganzen Nachmittag in seinem Büro warten lassen, und dann ist er in seinem Privathubschrauber weggeflogen.«

»Sind Sie sicher, daß er von Ihrer Anwesenheit informiert war?«

»Jack, ich habe es seiner Empfangsdame gesagt, und die hat bei seiner Sekretärin angerufen. Was sollte ich denn sonst noch machen, wenn ich nicht in sein Büro einbrechen wollte? Außerdem bin ich sicher, daß er mich gesehen hat, als er weggeflogen ist. Das weiß ich sogar positiv. Na ja, auf jeden Fall hat er seine Chance gehabt.«

»Wahrscheinlich haben Sie recht«, sagte Jack. »Das ist eben nur eine ziemlich schwere Anschuldigung. Es wäre mir lieber gewesen, wenn er sich selbst dazu geäußert hätte, bevor wir den Artikel drucken.«

»Was mich betrifft, so hat er sich geäußert«, sagte Mandy. »Er wollte mich nicht empfangen, und das, obwohl ich seiner Sekretärin am Empfang gesagt habe, warum ich gekommen bin. Ich finde, das sieht auf jeden Fall so aus, als würde er sich schuldig fühlen.«

»Nicht unbedingt«, sagte Jack.

»Jack, was wollen Sie denn noch? Ein unterschriebenes Geständnis von ihm?« fragte Mandy. »Wir haben ihm die Möglichkeit gegeben, die Vorwürfe abzustreiten, bevor wir damit an die Öffentlichkeit treten. Jetzt geben wir ihm die Möglichkeit, sie nach der Veröffentlichung abzustreiten. Das ist kein großer Unterschied. Wenn wir die Sache aber nicht bald bringen ...«

»Wird sie Ihr Freund Chance dem *Southeast Missourian* in Cape Girardeau geben, ich weiß«, sagte Jack. »Also gut, die Story ist zu gut, um sie sich durch die Lappen gehen zu lassen. Machen Sie also weiter und schreiben Sie Ihren Artikel.«

»Vielen Dank, Jack«, sagte Mandy überglücklich und nahm ihn kurz in die Arme.

»Hören Sie zu, da gibt es einige Dinge, die Sie über Luke Todaro wissen sollten, bevor Sie anfangen«, sagte Jack.

»Was sollte ich wissen?«

»Ich habe die Sache selbst überprüft, und es ist genau so, wie ich angenommen hatte. Er hat Verbindungen.«

»Wissen Sie das sicher? Das wäre nämlich ausgezeichnetes Füllmaterial. Sie haben doch gesagt, sein Großvater sei eine Art Mafia-Boß gewesen, ein Don oder so was. Wer war das denn?«

»Sein Großvater war Giuseppe Todaro.«

»Nie gehört von dem Mann. War der ein hohes Tier in der Unterwelt?«

Jack lachte kurz. »Sie sind wirklich noch sehr jung, nicht? Haben Sie schon mal etwas von Thomas Dewey gehört?«

»Dewey? Ja«, sagte Mandy. »War das nicht der Mann, von dem alle glaubten, er würde Truman bei den Präsidentschaftswahlen von 1948 schlagen?« Mandy lachte. »Ich erinnere mich noch an ein altes Zeitungsbild, wie Truman lächelnd eine Zeitung mit der Schlagzeile DEWEY SCHLÄGT TRUMAN hochhält.«

»Sie reden davon so, als wäre das alte Geschichte«, sagte Jack. »Ich erinnere mich noch ganz deutlich daran. Bevor Thomas Dewey Präsidentschaftskandidat geworden ist, war er als Gangsterschreck bekannt. Er hat während seiner Säuberungskampagne Ende der dreißiger Jahre in New York viele Gangster hinter Schloß und Riegel gebracht. An dem einen aber hat er sich die Zähne ausgebissen. Er hat sein Bestes getan, um auch Giuseppe Todaro zu erwischen, aber das ist ihm nie gelungen.«

»Und das war Luke Todaros Großvater?«

»Er war der Don von Brooklyn«, sagte Jack. »Erinnern Sie sich noch an den Film *›Der Pate‹*?«

»Sicher.«

»So etwas war der alte Giuseppe. Es gibt sogar manche, die behaupten, daß der Gangsterkrieg, den Puzo in dem Buch beschrieben hat, als Vorbild den Krieg hatte, den die Familie Todaro mit der Familie Bonomi ausgetragen hat.«

»Was ist mit den Beteiligten passiert?«

»Giuseppe ist Anfang der 60er Jahre in Miami im Luxus gestorben«, sagte Jack. »Die ganz üblen Leute kommen immer ungeschoren davon. Viele Mitglieder seiner Familie aber sind ermordet worden, darunter auch zwei seiner Söhne. Dafür hat die Familie Bonomi allerdings auch teuer bezahlen müssen. So etwas nehmen die Todaros nicht so ohne weiteres hin, und das sollten Sie auch im Gedächtnis behalten.«

Mandy lachte nervös.

»Jack, was wollen Sie denn damit andeuten? Daß es für mich gefährlich werden könnte, diesen Artikel zu schreiben?«

»Da haben Sie verdammt recht, daß es gefährlich werden könnte.«

»Schon möglich«, sagte Mandy. »Aber das Risiko muß ich eingehen.«

Jack lächelte. »Das hatte ich mir schon gedacht, aber ich wollte Ihnen eine Möglichkeit geben, Ihre Meinung zu ändern.«

»Vielen Dank, Jack.«

Mandy setzte sich an ihren Schreibtisch und begann, ihre Notizen für den Artikel zusammenzustellen. Daran arbeitete sie den ganzen Nachmittag bis fünf Uhr, und dann machten sich alle langsam bereit für den Feierabend.

»Sie bleiben wohl noch eine Weile?« fragte Jack und blieb neben ihrem Schreibtisch stehen.

»Ja, ich glaube schon«, sagte Mandy. »Ich muß noch zwei andere Artikel fertigbekommen, bevor ich mich ganz auf den hier stürze.«

»Freut mich zu sehen, daß es Ihnen klar ist, daß eine Zeitung aus mehr besteht als einem einzigen Artikel«, sagte Jack. »Manche Leute interessiert es tatsächlich, daß die Brücke von Cairo wieder eröffnet ist.«

»Und außerdem hat in der Stadt noch ein neuer Laden aufgemacht«, verspottete ihn Mandy.

»Machen Sie sich darüber nicht lustig. Geschäftseröffnungen bringen Annoncen, und...«

»Annoncen bringen Geld«, führte Mandy seinen Satz zu Ende. »Ich weiß.«

»Hören Sie, ich will Ihnen bestimmt keine Angst machen, aber ich dachte, ein wenig Hintergrundinformation könnte Ihnen vielleicht helfen. Ich habe mich deshalb in einigen alten Zeitungen und Zeitschriften umgesehen«, sagte Jack. »Sie sind in der Bibliothek auf dem Tisch gestapelt. Wie wäre es, wenn Sie dort hingehen und sie durchsehen würden?«

»Das ist eine gute Idee, Jack. Ich glaube, genau das mache ich.«

»Ich schließe die Eingangstür ab, wenn ich rausgehe.«

»Vielen Dank«, sagte Mandy.

Mandy ging in die Kantine und holte sich eine Dose Chili und eine Cola. Sie nahm ihr Abendessen mit in die Bibliothek und setzte sich an den Tisch weit hinten, auf dem ein Stapel alter Zeitungen und Zeitschriften lag. Sie nahm die oberste auf und lachte über eine der Anzeigen: ›Holen Sie sich den neuen Pontiac für nur 862 Dollar!‹

»Einen neuen Pontiac für 862 Dollar würde ich auf der Stelle nehmen«, sagte sie laut.

Sie zog sich einen Stuhl her, stellte die Dose Chili zur Seite und begann, die Zeitungen durchzusehen. Gleich in der ersten fand sie einen Artikel.

›LUCKY‹ LUCIANO TODARO UND DREI KOMPLIZEN IN GANGSTERKRIEG NIEDERGESCHOSSEN

New York, 12. Juni 1939 ... Bei Mama Tazzinis Restaurant fand gestern die Gewalt ihren Einzug, als schwerbewaffnete Täter, die angeblich im Auftrag der Familie Bonomi gekommen waren, Luciano Todaro, Freido Gambella und Ricardo Ciano erschossen. Die vier Männer, die alle bekannte Mitglieder von ›Don‹ Giuseppe Todaros ›Familie‹ waren, saßen gerade beim Essen, als die Mörder hereinkamen. Nach Angabe von Zeugen wurde nichts gesagt. Die Täter eröffneten sofort das Feuer und gingen dann wieder. Nach diesem Zwischenfall ist die Zahl der Todesopfer, die dieser Bandenkrieg gefordert hat, auf vierzehn angewachsen.

In anderen Zeitungen fanden sich Artikel, die in einem ähnlichen Tonfall abgefaßt waren und in denen es um Anklageerhebungen, Anhörungen vor dem Kongreß und ähnlichem mehr ging. Giuseppe Todaro war allem Anschein nach ein berühmter Mann gewesen.

Die Frage war natürlich, ob Luke Todaro heute in diese Angelegenheit verwickelt war oder nicht. Was sie hier las, war schließlich schon lange vorbei.

Mandy sah sich noch einmal den Artikel über Luciano Todaros Tod an. Das war auch Luke Todaros eigentlicher Name, aber er konnte nicht der Sohn dieses Mannes sein, weil er dafür zu jung war. Das mußte ein Neffe sein, der vielleicht nach ihm benannt worden war.

»Das ist vielleicht ein Namensvetter, Mr. Todaro«, murmelte Mandy in sich hinein.

Mandy fand noch einen weiteren Artikel, der rot umrandet war. An seinem Rand stand eine Notiz in Jacks Handschrift:

›Ich will Ihnen nicht unnötig Angst machen, meine Liebe, aber ich dachte, es interessiert Sie vielleicht, daß die Todaros Reporter, die ihre Nase in die Angelegenheiten der Familie gesteckt haben, noch nie leiden konnten. Jack.‹

REPORTER TOT AUFGEFUNDEN

New York, 23. März 1946 ... Der Reporter Paul Walters, der an einer Artikelserie über die Mafia arbeitete und sich dabei besonders für die Familie Todaro interessierte, wurde gestern nachmittag aus dem East River gezogen. Sein Genick war gebrochen, was aber nach dem Autopsiebericht nicht die Folge seines Aufpralls auf die Wasseroberfläche gewesen sein konnte. Es besteht zwar Mordverdacht, aber nach Angaben der Staatsanwaltschaft fehlen bisher konkrete Beweise, und höchstwahrscheinlich würden auch die weiteren Untersuchungen keine erbringen. Es ist keine Anklage erhoben worden.

FAMILIE TODARO BRICHT AUSEINANDER

New York, 11. April 1952 ... Giuseppe Todaro hat sich aus dem ›Olivenöl-Geschäft‹, das fast dreißig Jahre lang als Tarnung für seine angeblichen kriminellen Aktivitäten diente, zurückgezogen. In der letzten Zeit war es um Giuseppe Todaro still geworden, aber gegen Ende der dreißiger Jahre war er eine der Zentralfiguren eines großen Gangsterkriegs hier in der Stadt. In diesem Krieg sind zwei von Todaros Söhnen ermordet worden. Sein ältester überlebender Sohn, Enrico, zeigte kein Interesse an dem ›Olivenöl-Geschäft‹ und wurde statt dessen Ingenieur.

Giuseppe soll dem Vernehmen nach planen, sich in Florida zur

Ruhe zu setzen. Sein jüngster Sohn, Marcello, wird das ›Olivenöl-Geschäft‹ übernehmen, während Enrico angeblich nach St. Louis ziehen will. Gegen Giuseppe ist zwar einige Male Anklage erhoben worden, aber da die Beweise fehlten, ist es zu einer Verurteilung nie gekommen.

»Wirklich Pech, daß Sie es nie von Ihrem Großvater gelernt haben, wie man Verbrechen vertuscht, Mr. Todaro«, sagte Mandy. Sie kicherte nervös. »Ihr Großvater würde sich im Grab herumdrehen, wenn er wüßte, wie unvorsichtig Sie waren.«

Sie hatte recht lange gebraucht, bis sie all die Artikel gelesen hatte, und als Mandy fertig war, war es draußen dunkel geworden.

Sie sah aus dem Fenster. Eine Taube landete auf dem Fenstersims und putzte sich ihre schmutzig-grauen Federn mit dem Schnabel. Mandy betrachtete sie. Ihre Beine waren orangefarben, fast rosa, und ihre Augen waren kleine schwarze Perlen. Die Taube stand draußen vor dem Fenster; sie wußte offensichtlich genau, daß sie dort völlig sicher war und starrte Mandy voller Verachtung an.

Der Trinkwasserspender gurgelte, und das plötzliche Geräusch erschreckte Mandy. Sie fuhr zusammen und lachte dann nervös über ihre übertriebene Reaktion. Die Lichter an der Decke summten so laut, daß sie sich unwillkürlich fragte, warum sie das bisher bei Tag noch nicht bemerkt hatte.

Das Telefon in der Bibliothek klingelte schrill, und Mandy zuckte wieder zusammen.

»Ich muß mich wirklich unbedingt zusammenreißen«, sagte sie laut, während sie zu dem Telefon hinüberging.

»Mandy? Chance hier. Was haben Sie herausbekommen?«

»Der Artikel erscheint morgen«, sagte Mandy.

»Das höre ich gern«, sagte Chance, und seine tiefe, resonante Stimme ließ Mandy wohlig erschauern. Er war ein außergewöhnlich gut aussehender Mann, und im *Delta Metro Magazine* hatte man ihn den begehrtesten Junggesellen zwischen St. Louis und Memphis genannt. Er hatte Geld geerbt und war mit seinen geschäftlichen Investitionen sehr erfolgreich gewesen; er war daher ein ziemlich reicher Mann. Er stand oft im Rampenlicht, und selbst sein Privatleben interessierte die Zeitungsleser. Mandys Name wurde oft mit seinem in Verbindung gebracht, und Mandy hatte nie irgendwelche Schritte gegen diese Berichte ergriffen.

»Was halten Sie davon, wenn ich Sie mit Peter abhole und zum Abendessen ausführe?« fragte Chance.

Mandy lachte. »Machen Sie jetzt keinen Schritt mehr ohne Peter?« Peter war Chances Wahlkampfmanager Peter Hawkins.

»Um Gottes willen, so ein Risiko würde Peter nie eingehen«, gab Chance mit einem Lachen zurück. »Er hat eine Todesangst, ich würde eines Tages etwas falsch machen oder etwas von mir geben, was mir den Wahlkampf verderben könnte. Er muß mich genau im Auge behalten. Das meint zumindest er, aber vielleicht kann ich mich ja wegschleichen. Was halten Sie davon?«

»Vielen Dank, Chance, aber ich habe schon gegessen«, sagte Mandy.

»Und wie wär's morgen, nachdem der Artikel herausgekommen ist?« fragte Chance.

»Ja, das würde mir gefallen.«

»Also abgemacht. Ach ja, bevor ich es vergesse: Peter möchte, daß Sie ihm einige Exemplare des Artikels in die Wahlkampfzentrale bringen, sobald er gedruckt ist.«

»Sagen Sie Peter, er soll sich keine Gedanken machen«, sagte Mandy. »Er bekommt den Artikel druckfrisch.«

»Darüber wird er sich freuen«, sagte Chance.

»Und Sie?«

»Sie kennen mich doch«, sagte Chance. »Wenn Peter zufrieden ist, heißt das, daß ich mich richtig verhalte.«

Mandy legte den Hörer auf und legte die Zeitungen und Magazine auf den Wagen zurück, damit sie am nächsten Tag wieder ins Archiv gebracht werden könnten. Sie hatte jetzt nur noch zwei Artikel zu schreiben.

3

Die Tage der alten, lauten, heißen Druckerpressen sind längst vorbei. Heute wird eine Zeitung im Offset-Druckverfahren hergestellt, und bei der Vorbereitung helfen Sichtschirme oder V.D.T.

Mandy setzte ihren Artikel mit dem V.D.T. auf ihrem Schreibtisch. Der V.D.T. ist ein Wortprozessor, wie er in vielen Büros verwendet ist, aber seine Kapazität ist größer, und er besitzt verschiedene Terminals.

Jeder Reporter der Zeitung, vom Sportredakteur bis zum Klatschkolumnisten, hatte für seine Artikel seinen eigenen Terminal. Jack konnte sich von seinem Büro aus jeden fertigen oder halbfertigen Artikel ansehen, ohne seinen Stuhl zu verlassen. Er brauchte nur den Titel des Artikels einzugeben, und schon hatte er ihn auf seinem Terminal.

Jack war für Budget und Plazierung der Artikel zuständig. Mit dem Budget wurde die Länge der Spalten jedes Artikels bezeichnet, und mit Plazierung die Stelle in der Zeitung, an der der Artikel erscheinen sollte.

Mandy erhielt für ihren Artikel völlig freie Hand. Er konnte also so lang werden, wie sie das für nötig hielt, und außerdem wurde ihm der beste Platz in der Zeitung, oben auf der ersten Seite, zugewiesen.

Nachdem über Budget und Plazierung entschieden war, wurde der Artikel gedruckt. Danach wurde er für das Layout zurechtgeschnitten und so aufgeklebt, wie die endgültige Zeitungsseite aussehen sollte.

Normalerweise waren für das Layout Fachleute zuständig, aber Mandy nahm es für ihren Artikel selbst in die Hand. Sie stellte die Überschrift um, und als sie ihr nicht gefiel, stellte sie sie noch einmal um. Nach der dritten Umstellung war sie mit der Überschrift einigermaßen zufrieden und begann nun mit der Suche nach dem richtigen Platz für das ›schwarze Fenster‹, in das später das Foto von Luke Todaro kommen sollte. Es war kein sehr gutes Bild, aber es war das beste, das sie auftreiben konnte. Luciano Todaro ließ sich nicht gern fotografieren.

»Mandy, hier ist das Negativ und hier das Original«, sagte Harold, der gerade aus der Dunkelkammer kam.

»Vielen Dank, Harold«, sagte Mandy und sah sich das Bild noch einmal an, das sie ausgesucht hatte. Es war ein Schwarzweiß-Bild, das mit einem Teleobjektiv auf einer von Todaros Baustellen aufgenommen worden war. Er trug eine Sonnenbrille, so daß man seine Augen nicht sehen konnte. Ihre Gläser reflektierten blitzend das Sonnenlicht, das auch sein schwarzes Haar zum Glänzen brachte. Er hatte kantige Backenknochen und ein energisches Kinn. Sein dunkles Polohemd war am Hals aufgeknöpft und zeigte ein Büschel Haare auf seiner Brust. Trotz allem, was Mandy über ihn wußte, bemerkte sie doch unwillkürlich, daß er auf eine düstere, geheimnisvolle Art ein sehr gut aussehender Mann war.

»Mandy, ein Anruf für Sie auf Apparat eins«, rief irgend jemand.

»Danke«, antwortete Mandy und ging zum Telefon, schob sich ihr langes, blondes Haar zur Seite und nahm den Hörer auf.

»Mandy Powers hier«, sagte sie.

»Sie haben mich gestern gesucht«, sagte eine kräftige, tiefe Stimme. »Was wollten Sie von mir?«

»Ich – wer ist denn da?« fragte Mandy, obwohl ihr ein Kribbeln im Magen ganz genau verriet, wer es war. Es war mehr als nur ein Kribbeln. Es war ein Gefühl von Erregung, in das sich etwas Angst mischte.

»Hier ist Luke Todaro«, sagte die Stimme.

»Ah ja, Mr. Todaro«, sagte Mandy. »Ich wollte Ihnen nur die Möglichkeit geben, selbst Stellung zu nehmen, bevor ich meinen Artikel erscheinen lasse.«

»Welchen Artikel?«

Mandy räusperte sich. »Ein Artikel, in dem aufgedeckt wird, daß Sie sowohl Besitzer der Hoch- und Tiefbaufirma Delta als auch Ihrer Firma Todaro sind. Ich werde die Öffentlichkeit darüber informieren, daß Sie die Ausschreibung für den großen Straßenbauauftrag mit illegalen Mitteln gewonnen haben.«

»Das ist nicht wahr«, sagte Todaro unverblümt. »Ich habe keinerlei illegale Mittel eingesetzt.«

»Es tut mir leid, Mr. Todaro, aber nach den Beweisen, die uns vorliegen, sieht es anders aus«, sagte Mandy.

»Sie können diesen Artikel nicht veröffentlichen. Nicht, ohne sich vorher meine Seite anzuhören.«

»Wir werden ihn veröffentlichen. Sie hätten sich außerdem gestern mit mir über die Angelegenheit unterhalten können, aber Sie haben es ja vorgezogen, mich den ganzen Nachmittag in Ihrem Wartezimmer hocken zu lassen.«

»Ich war gestern gar nicht hier in der Stadt«, sagte Todaro.

»Mr. Todaro, warum haben Sie ein so gestörtes Verhältnis zur Wahrheit? Ich habe Sie gestern gesehen. Sie haben mich doch mit Ihrem Hubschrauber fast umgeworfen.«

»Sie bringen den Artikel wirklich?«

»Ja.«

»Na gut, dann bringen Sie ihn eben«, sagte Todaro; seine Stimme klang so hart und kalt wie Eis. Mandy hörte, wie es in der Leitung klickte, als er auflegte.

Mandy hielt den Hörer noch einen Augenblick in der Hand und sah ihn an, als könne sie den Mann am anderen Ende der Leitung sehen. Dann legte auch sie auf und spürte dabei, wie es ihr kalt den Rücken herunterlief.

Mandy ging zum Layout-Tisch zurück und sah sich ihren Artikel an. Dieses Mal veränderte sie nichts daran. Er war gut geschrieben und attraktiv gesetzt. Sie war nun zufrieden mit seinem graphischen Aspekt und wußte, daß sie ihn nicht weiter verbessern konnte. Bis zum Druck der Zeitung beschäftigte sie sich mit anderen Dingen.

»Mandy, wir sind bereit für den Druck«, sagte Harold, als er einige Zeit später seinen Kopf zur Tür hereinstreckte. »Sie hatten doch gesagt, Sie wollten die ersten Exemplare selbst haben.«

»Ja, bitte«, sagte Mandy. Sie ging mit ihm zur Druckerei und blieb direkt nach der Tür stehen. Drei Drucker waren mit den letzten Vorbereitungen beschäftigt. Schließlich ertönte eine Glocke, und die Druckmaschinen setzten sich in Betrieb. Am Anfang gaben sie ein dumpfes Geräusch von sich, bis sie ihre Geschwindigkeit steigerten und das Geräusch sich in ein hohes, durchdringendes Singen verwandelte. Als Mandy so dastand und zusah, hatte sie, wie auf einem Bahnsteig, wenn ein Zug einrollt, ein Gefühl von unwahrscheinlicher Macht und Kraft. Mandy sah zu, wie die Zeitung in einem langen Streifen durchlief, mit der Druckerschwärze eingefärbt wurde und schließlich am anderen Ende sauber geschnitten und gefaltet als fertige Zeitung herauskam. Sie streckte eine Hand aus und holte sich ein Exemplar.

BETRUG BEI POPLAR-BLUFF-AUSSCHREIBUNG ENTDECKT!

Ein Exklusivbericht von Examiner-*Reporterin Mandy Powers*

Mandy las den Artikel mit kaum unterdrücktem Stolz. Das war eine große Sache, und die Presseagenturen würden sich bestimmt dafür interessieren. Auch die Leute von Radio und Fernsehen würden sich einstellen, aber dann war es schon zu spät, weil die Exklusivrechte ihr gehören würden.

Mandy nahm noch einige Exemplare der Zeitung mit und ging dann in die Redaktion zurück. Sie ließ eine Zeitung auf Jacks Schreibtisch fallen. Er sah sie sich an und lächelte.

»Na bitte, meine Liebe«, sagte er. »Das könnte Ihnen einen Preis einbringen.«

»O Jack, glauben Sie wirklich?« fragte Mandy aufgeregt.

»Darauf können Sie sich verlassen.«

»Ich bringe den Artikel bei Chance vorbei. Geht das in Ordnung?«

»Aber sicher, warum denn nicht?« sagte Jack. »Der Tip stammt schließlich von ihm. Er verdient es, daß er ihn möglichst bald zu sehen bekommt.«

»Danke«, sagte Mandy. Sie nahm die Zeitungen mit und wollte losgehen.

»Hallo, Mandy, Glückwunsch. Ihr Artikel hat einen Platz ganz oben bekommen«, sagte ihr die Empfangssekretärin beim Hinausgehen.

»Ja, vielen Dank«, sagte Mandy.

Sie warf die Zeitungen in ihren Wagen und fuhr los. Sie konnte ihr triumphierendes Lächeln nicht unterdrücken. Bis heute abend waren die Zeitungen überall in der Stadt, und morgen früh würden alle über sie reden. Bis morgen oder spätestens bis übermorgen würden die Presseagenturen die Meldung weitergeben, und bald würde in Missouri jeder über den Bauskandal Bescheid wissen, und das nur deshalb, weil sie ihre Sache gut gemacht hatte.

Mandy hielt in der Front Street vor einem alten Gebäude an, in dem früher einmal ein Möbelladen gewesen war. Der Laden hatte zugemacht, und das leere Gebäude war von Chance Bailey als Wahlkampfzentrale für die Senatswahl übernommen worden.

Mandy stieg aus und warf eine Münze in die Parkuhr. In dem großen Fenster der Wahlkampfzentrale hing ein riesiges Bild von Chance, um das in großen roten, blauen und weißen Lettern geschrieben stand: WÄHLEN SIE BAILEY IN DEN SENAT! Das Bild war geschmeichelt, aber Chance sah tatsächlich auch gut aus. Er hatte stahlblaue Augen, dunkelbraunes, grau werdendes Haar und einen kurzgeschnittenen Schnurrbart.

Als Mandy hineinging, füllte das Geräusch der Computer ihre Ohren. Sie druckten einen ›persönlichen‹ Brief von Chance aus, den er jedem Haushalt in der Stadt schickte. Ein halbes Dutzend Wahlkampfhelfer steckten die Briefe in adressierte Umschläge.

»Hallo, Mandy«, sagte Peter Hawkins. Er hatte sich gerade mit zwei Männern unterhalten, die Mandy vorher noch nie gesehen hatte. »Mandy, ich möchte Ihnen Mr. Sinclair und Mr. Moffitt vorstellen. Sie sollen uns bei unserem Wahlkampf unterstützen. Gentlemen, das ist Miß Mandy Powers. Sie ist Reporterin beim *Bootheel Examiner.*« Peter hob eine Hand und lächelte. »Nein, sie ist viel mehr als nur Reporterin. Sie ist eine Streiterin für Recht und Ordnung. Später, noch heute, wird sie einen Artikel veröffentlichen, in dem sie einen scheußlichen Betrug aufdecken wird, der an den Steuerzahlern von Missouri begangen worden ist.«

»Das stimmt nicht«, sagte Mandy.

Peter sah sie verständnislos an, und Mandy gab ihm lächelnd eine der Zeitungen. »Nicht später. *Jetzt.* Der Artikel ist schon gedruckt. Das ist die Zeitung von heute.«

»Ha!« lachte Peter und zeigte die Zeitung den beiden Männern. »Was haben ich Ihnen gesagt? Damit haben wir Todaro festgenagelt, und das bedeutet, daß wir Donlevy auch erledigt haben.«

»Peter, selbst wenn diese Geschichte über Todaro wahr ist, ist doch Senator Donlevy noch nicht davon betroffen«, sagte Sinclair.

»Das macht doch nichts«, sagte Peter. »Wenn wir Todaro über das Feuer halten, bekommt Donlevy auch etwas von der Hitze ab. Er wird sich zumindest in Zukunft hüten, Geld von einem Mann anzunehmen, der des Betrugs überführt ist.«

»Woher wollen Sie denn wissen, daß Todaro des Betrugs überführt werden wird?«

»Na ja, verurteilt werden wird er wahrscheinlich nicht. Todaro stammt von einer langen Reihe von Verbrechern ab, die sich immer wieder ihrer gerechten Strafe entziehen konnten, und ich kann mir vorstellen, daß er von ihnen viel gelernt hat. Für uns spielt das aber keine besonders große Rolle. Selbst wenn er nicht verurteilt wird, bleibt der Schatten dieses Vorwurfs doch an ihm hängen«, sagte Peter. »Das bedeutet praktisch automatisch, daß alle, die mit ihm zu tun haben, auch schuldig sind oder zumindest so aussehen.« Er hielt die

Zeitung hoch und tippte mit den Fingern darauf. »Gentlemen, dieser Artikel ist für uns fünfzigtausend Stimmen wert.«

Mandy war von Peters Reaktion etwas befremdet. Sie hatte den Artikel nicht als Wahlkampfhelferin geschrieben, sondern weil sie davon überzeugt gewesen war, daß das richtig war. Und, so überlegte sie realistisch, weil sie es für eine gute Story gehalten hatte. Sie wußte zwar, daß Chance davon profitieren würde, aber sie wollte nicht, daß er glaubte, sie hätte den Artikel nur deshalb geschrieben. Das würde ihre Arbeit irgendwie in den Schmutz ziehen.

»Peter, wo ist Chance?« fragte sie. Sie wollte ihn loswerden; sie wußte zwar, daß er in dem Wahlkampf eine wichtige Rolle spielte, aber sie fühlte sich trotzdem in seiner Gesellschaft nicht wohl.

»Er ist in seinem Büro«, sagte Peter und deutete nach hinten. »Wo er keinen Schaden anrichten kann.«

»Hallo«, sagte Chance, als Mandy in sein Büro kam. »Ist das der Artikel?«

»Ja«, sagte Mandy. Sie legte ihm eine Zeitung auf den Schreibtisch. Er überflog ihn hastig und stieß einen Pfiff aus.

»Das ist aber starker Tobak«, sagte er. »Gut haben Sie das gemacht.«

»Vielen Dank«, sagte Mandy, aber ihre Stimme hatte einen so merkwürdigen Tonfall, daß Chance sie fragend ansah.

»Stimmt irgend etwas nicht?«

»Es geht um Peter«, sagte Mandy. »Chance, er denkt, ich hätte den Artikel nur geschrieben, um Sie bei Ihrem Wahlkampf zu unterstützen.«

»Ach, kümmern Sie sich doch nicht um Peter. Sie wissen schließlich selbst, wie er ist.«

»Ich bin auf diesen Artikel eben sehr stolz, Chance, und ich möchte, daß er bekannt wird, weil er gut ist.«

»Aber sicher«, sagte Chance. »Das kann ich Ihnen versprechen.«

»Wann ist das Essen heute abend denn geplant?« fragte Mandy.

Chance schlug sich mit der flachen Hand vor die Stirn. »Mein Gott, das habe ich völlig vergessen. Mandy, ich muß Sie bitten, auf das Essen heute abend zu verzichten. Ich fürchte, Peter hat mich für eine Wahlkampfveranstaltung in Dexter gebucht.«

»Wie lange dauert die denn?« fragte Mandy. »Vielleicht könnte ich mitkommen, und wir gehen anschließend essen.«

»Nein, ich fürchte, daraus wird nichts«, sagte Chance. »Das wird eine lange Veranstaltung. Hören Sie, seien Sie nett und verschieben Sie die Einladung auf später. Ich rufe Sie morgen an.«

»Natürlich«, sagte Mandy. »Gut, bis morgen also.«

Mandy fuhr von Chances Wahlkampfzentrale zurück zur Redaktion. Sie fühlte sich etwas enttäuscht. Sie war auf ihren Artikel sehr stolz und hätte ihn gern gefeiert, und eine Feier zusammen mit Chance hätte gut gepaßt. Sie verstand auf der anderen Seite gut, daß Chance keine politische Veranstaltung auslassen durfte. Es war schließlich nicht leicht, einen Senatorenposten zu erobern.

Mandy ging zurück in die Redaktion, und inzwischen hatten alle ihren Artikel gelesen. Noch bevor sie sich hinsetzen konnte, stürmten alle über sie her, um sie zu beglückwünschen. Als sie solche Lobeshymnen zu hören bekam, ließ ihre Enttäuschung darüber, daß sie nicht mit Chance essen gehen konnte, bald nach. Sie stand vor ihrem Schreibtisch und nahm die Glückwünsche entgegen, als gehörte sich das nicht anders.

Rick Price, der V.D.T.-Spezialist, kam mit einem Gürtel voller Werkzeug um die Hüfte herein. Er sah, wie alle um Mandy herumstanden.

»Weshalb beglückwünschen denn alle Mandy?« fragte er. »Ist sie schwanger, oder was?«

»Ja, sie ist schwanger«, sagte Jack. »Hoffnungsschwanger. Rick, Sie sehen hier eine zukünftige Pulitzer-Preis-Gewinnerin vor sich.«

»So? Na ja, ohne Artikel gibt es wohl auch keinen Pulitzer-Preis, und damit haben wir zur Zeit ein Problem.«

»Was für ein Problem?« fragte Mandy.

»Wir haben Schwierigkeiten mit dem Computer«, sagte Jack. »Ich bin sicher, es ist nichts Schlimmes. Bis vor einem Moment hat alles noch ausgezeichnet funktioniert.«

»Für Sie ist das vielleicht nichts Schlimmes«, beschwerte sich der Sportredakteur. »Aber ich habe drei ganze Spalten verloren. Na ja, über die Cardinals kann ich mich auch bei den Presseagenturen informieren.«

»Richtig«, sagte Jack. »Sie sollten sich an ihnen ein Vorbild nehmen. Immer wieder gelingt es ihnen, trotz eines scheinbar sicheren Sieges doch eine Niederlage einzustecken. Und was Sie betrifft, Mandy ... Sie wissen wohl selbst, daß Sie nicht einfach so eine Bombe platzen lassen können, um dann die Hände in den Schoß zu legen, oder? Sie werden schon noch einen Folgeartikel schreiben müssen, und wahrscheinlich sogar mehr als einen.«

»Ja, ich weiß«, sagte Mandy. »Ich habe mir schon Material zusammengestellt, und ich hatte vor, heute abend daran zu arbeiten.«

»Heute abend?« fragte Jack überrascht. »Ich dachte, heute abend wollten Sie feiern. Vielleicht mit Chance.«

»Chance hat eine Wahlkampfveranstaltung in Dexter«, sagte Mandy.

»Ach so. Dann hat er Sie wohl versetzt, was? Tut mir leid für Sie.«

»Ich werd's überleben«, sagte Mandy mit einem leichten Lachen.

»Um Gottes willen!« rief der Mann von der Wartung plötzlich.

»Rick, was ist denn los?«

»Mandy, wann haben Sie zum letztenmal auf diesem Stuhl gesessen?«

»Ich bin gerade davon aufgestanden. Warum?«

»Das ist ausgeschlossen. Wenn Sie nämlich gerade darauf gesessen hätten, wären Sie jetzt tot.«

»Was? Wovon reden Sie denn da?« fragte Jack. Jack, Mandy und alle anderen, die sich in dem Zimmer drängten, kamen hinter Mandys Schreibtisch. Rick hockte auf Händen und Knien dahinter.

»Schauen Sie sich das an«, sagte Rick und deutete auf ein dickes Stromkabel. »Das ist der Grund für die Fehlfunktion in Mikes Terminal. Das Kabel hier liegt blank an Mandys Schreibtischstuhl. Wenn sich jemand daraufsetzen würde, würde er gebraten wie in einem elektrischen Stuhl.«

»Aber das ist doch ausgeschlossen«, sagte Mandy. »Ich habe doch auf dem Stuhl gesessen!«

»Nicht mehr, seit Ihr Artikel herausgekommen ist«, sagte Mike Hanes.

»Was?« sagte Mandy leise und sah den Sportredakteur an.

»Wissen Sie das nicht mehr? Sie haben Ihren Artikel vom Layout-Tisch bis zur Druckerei verfolgt, und in dem Stuhl hier haben Sie seit drei oder vier Stunden nicht mehr gesessen.«

»Mike hat recht«, sagte Jack. »Sie haben eine ganze Weile nicht mehr hier gesessen. Wie ist das passiert, Rick?«

»Ich weiß es nicht«, sagte Rick. Er zog das Kabel aus dem Computer und löste es von dem Stuhl. »Aha, da haben wir ja den Schuldigen. Der Schreibtisch hier ist verrückt worden, nicht wahr?«

»Wahrscheinlich. Das Zimmer ist gestern abend gründlich saubergemacht worden«, sagte Jack.

»Und dabei hat sich unter dem Terminal das Kabel gelöst«, sagte Rick. »Es ist auf den Boden gefallen, die Isolierung war etwas beschädigt, und da ist es bis auf den Stuhl durchgebrannt. Gut, daß Sie heute morgen nicht hier waren, sonst hätte es Sie erwischt.«

»Hören Sie, Rick, könnten Sie alle Terminals überprüfen, damit so etwas auf keinen Fall noch einmal passiert?«

»Sicher«, sagte Rick. »Ich werde die Anschlüsse und die Isolierungen überprüfen.«

»Danke«, sagte Jack.

»Mann, das war knapp, was?« sagte Mike zu einem der anderen, während sie hinausgingen.

Mandy ging von ihrem Schreibtisch zu einem der Stühle an der Wand und setzte sich einen Moment hin. Jack kam zu ihr herüber.

»Sind Sie okay?«

»Ja«, sagte Mandy. »So etwas gibt einem doch ein merkwürdiges Gefühl, nicht wahr?«

»Das kann ich mir denken.«

»Jack, Sie meinen doch nicht etwa ...«

Jack lachte. »Am Anfang habe ich dasselbe gedacht«, sagte er und beantwortete damit Mandys unausgesprochene Frage. »Aber Sie haben ja gehört, was Rick gesagt hat. Der Kurzschluß ist letzte Nacht passiert, und deshalb kann er mit Ihrem Artikel nichts zu tun haben.«

»Wahrscheinlich nicht. Etwas beunruhigend ist es aber doch.«

»Glauben Sie mir, das kann ich verstehen. Hören Sie, wenn Sie Lust haben, können wir noch zusammen etwas trinken gehen, bevor ich heimfahre.«

»Fahren Sie nach Hause, Jack. Ich habe keine Lust, mir von Kitty Vorwürfe anhören zu müssen, weil ihr Abendessen kalt geworden ist.«

»Na gut«, sagte Jack. »Wahrscheinlich haben Sie recht. Haben Sie immer noch vor, hierzubleiben und zu arbeiten?«

»Ja, noch eine Weile.«

»Geht es Ihnen auch bestimmt gut? Soll ich nicht noch eine Weile bleiben?«

»Nein«, sagte Mandy. »Wie Sie selbst gesagt haben, kann das unmöglich etwas anderes als ein Unfall gewesen sein. Ein Unfall, der Gott sei Dank nicht passiert ist, weil Rick aufgepaßt hat. Machen Sie sich keine Gedanken, Jack. Mir geht es gut, ganz bestimmt.«

»Also gut. Bis morgen dann.«

Mandy winkte Jack noch nach. Dann ging sie zu ihrem Schreibtisch, überzeugte sich sorgfältig, daß nichts ihren Stuhl berührte und setzte sich. Sie begann, ihr Material durchzusehen und war schon nach wenigen Minuten so in ihre Arbeit vertieft, daß der Fast-Unfall völlig vergessen war.

Ihre Nachforschungen hatten noch viele Fragen offengelassen. Stand Luke Todaro mit der Mafia in Verbindung? War dieser Bauauftrag nicht mehr als eine Möglichkeit, Mafia-Geld zu ›waschen‹? Oder steckte eine Bestechungsaffaire dahinter? Es gab viele interessante Möglichkeiten.

Allerdings gab es auch viele gefährliche Möglichkeiten. Mandy wußte, daß die Mafia keine Spielchen spielte. Der

Artikel über den neugierigen Reporter fiel ihr wieder ein, der aus dem East River gezogen worden war. Das war allerdings in New York und nicht in Sikeston, Missouri, gewesen. Solche Dinge kamen in Kleinstädten wie Sikeston einfach nicht vor. Oder vielleicht doch? War der Kurzschluß in dem Computerkabel wirklich ein Unfall gewesen?

Mandy hörte, wie die Eingangstür sich öffnete.

»Jack? Sind Sie das, Jack? Was haben Sie vergessen?« rief sie. Das mußte Jack sein, oder jemand mit einem Schlüssel. Es sei denn, Jack hatte vergessen, die Eingangstür abzuschließen, als er hinausging.

Vorsichtig ging Mandy aus der Redaktion zur Tür. Dort sah sie einen Mann im Schatten stehen und blieb wie angewurzelt stehen.

»Sind Sie Mandy Powers?«

»Ja«, sagte Mandy zaghaft.

Der Mann trat aus dem Schatten und ließ eine zusammengefaltete Zeitung auf den Tisch fallen.

»Ich bin Luke Todaro.«

4

Mandy sprang zurück und stieß dabei mit einem Arm eine Blumenvase an. Sie fiel mit einem Krachen zu Boden, und Wasser und Blumen verteilten sich vor ihren Füßen.

»Was – was wollen Sie hier?« fragte sie mit ängstlicher Stimme.

»Also, vor allem habe ich nicht vor, Sie zu Tode zu ängstigen«, sagte Luke. »Was haben Sie denn?«

»Wieso? Gar nichts«, antwortete Mandy.

Luke kniete sich auf den Boden und begann, die Scherben der Vase aufzusammeln.

Mandy war noch immer zu erschreckt, um sich bewegen zu können, und stand nur da und starrte ihn an.

»Holen Sie mir einen Abfalleimer«, befahl er ihr.

Mandy rührte sich nicht.

»Holen Sie mir einen Abfalleimer«, sagte Luke noch einmal. »Oder erwarten Sie von mir, daß ich mir die Scherben in die Tasche stecke?«

»Wie? Ach so, hier ist er«, sagte Mandy und gab ihm einen Abfalleimer, der in der Nähe gestanden hatte.

»Danke«, sagte Luke. Er ließ die Glasscherben in den Abfalleimer fallen. Dann sammelte er die Blumen auf und sah sie an.

»Die sind noch zu schön, um sie wegzuwerfen«, sagte er. Er sah sich um, bemerkte noch eine andere Vase mit Blumen, die schon verwelkt waren, und ersetzte sie durch die Blumen, die er in der Hand hielt. »Ja«, sagte er. »Das sieht schön aus, nicht wahr?«

»Ja«, antwortete Mandy leise.

Luke sah sie an und lächelte.

Luke Todaro war groß, weit größer, als er auf der Fotografie ausgesehen hatte. Plötzlich wurde ihr bewußt, daß er auch größer als die beiden Männer war, die sie am vorausgegangenen Nachmittag in den Hubschrauber hatte einsteigen sehen. Er hatte breite Schultern, und seine Augen, die von der Sonnenbrille verdeckt gewesen waren, hatten das tiefste Blau, das sie je gesehen hatte. Am Kinn hatte er ein Grübchen, und seine Lippen waren voll und sinnlich, fast zu voll für einen Männermund, dachte sie.

»Viel reden tun Sie ja nicht gerade, oder? Oder sprechen Sie nur mit Ihrem Kugelschreiber?«

»Ich schreibe mit einem V.D.T«, antwortete Mandy.

»Mit was?«

»Mit einem Wortprozessor.«

»Aha, mit einem Computer. Das hätte ich mir denken können«, sagte Luke.

»Sie sind nicht der Mann, den ich gestern in den Hubschrauber einsteigen gesehen habe.«

»Das habe ich Ihnen auch schon zu erklären versucht.«

»Ich bitte um Entschuldigung. Ich dachte, Sie würden absichtlich versuchen, mir aus dem Weg zu gehen.«

»Ich konnte Ihnen wohl schlecht aus dem Weg gehen, wenn ich gar nicht wußte, daß Sie da waren. Ich war nämlich in New Orleans. Als ich gestern abend spät zurückkam, habe ich gehört, daß Sie mich wegen eines angeblichen Betrugs bei der Ausschreibung für den Bauauftrag sprechen wollten.«

»Nicht wegen eines angeblichen Betrugs«, sagte Mandy. »Und ich wollte Ihnen die Chance geben, sich darüber zu äußern, ja.«

»Allzugroß war die Chance aber nicht, die Sie mir geben wollten, meinen Sie nicht auch?«

»Ich hatte einen Artikel zu schreiben«, sagte Mandy.

»Und davon wollten Sie sich natürlich durch so lästige Nebensächlichkeiten wie die Wahrheit nicht abhalten lassen«, sagte Luke.

»Haben Sie den Artikel gelesen?«

»Ja, ich habe ihn gelesen. Gut geschrieben war er ja, das muß ich zugeben.«

»Danke. War er sachlich?«

»Ja.«

»Wie können Sie dann sagen, ich hätte mich nicht darum gekümmert, ob er wahr ist?«

»Haben Sie jemals Hemingway gelesen?«

»Ernest Hemingway? Ja, auf dem College.«

Luke lachte etwas verächtlich. »Das hätte ich mir auch denken können, daß Sie Hemingway bestenfalls auf dem College lesen würden.«

»Was hat denn Ernest Hemingway damit zu tun?«

»Hemingway hat einmal gesagt, daß ein guter Autor immer zwischen Sachlichkeit und Wahrheit unterscheiden kann und den Unterschied genau kennt.«

»Den Unterschied gibt es nicht.«

»Da täuschen Sie sich«, sagte Luke und wedelte mit einem Finger hin und her. »Deshalb wird aus Ihnen auch nie ein Ernest Hemingway werden.«

»Vielen Dank, aber ich hatte sowieso nicht die Absicht, ein fetter Mann mit einem Bart zu werden. Was wollen Sie damit sagen, Mr. Todaro?«

»Ich will sagen, daß Ihr Artikel sachlich ist und die Tatsachen, die darin genannt werden, richtig sind. Wenn die Tatsachen aber stimmen, so bedeutet das noch lange nicht, daß Sie auch die Wahrheit geschrieben haben.«

»Wenn ich nicht die Wahrheit geschrieben habe, können Sie mich ja wegen Verleumdung anklagen.«

»Ja, das scheint heutzutage in Amerika ja zur Lieblingsbeschäftigung geworden zu sein. Nein, danke.«

»Ach so, das hätte ich fast vergessen. Die Familie Todaro erscheint ja bekanntlich nicht gern vor Gericht«, sagte Mandy. Sobald sie das gesagt hatte, überlegte sie sich, daß sie damit vielleicht etwas zu weit gegangen war und hob ihre Hand an die Lippen, als wolle sie die Worte noch festhalten, die gerade aus ihrem Mund gekommen waren. Zu ihrer Überraschung lachte Luke Todaro.

»Ja«, sagte er. »Mein Großvater, der alte Don, war ein Experte in der Technik, nicht vor Gericht zu erscheinen.«

»Sie geben also zu, daß Sie ein Enkel von Guiseppe Todaro sind?«

Luke sah Mandy verständnislos an.

»Ich hatte keine Ahnung, daß darüber noch irgendwelche Zweifel bestehen«, sagte er. »Natürlich bin ich Guiseppe Todaros Enkel. Ich kann daran nichts ändern. Ich bin als sein Enkel geboren, und das ist alles. Weder mein Vater noch ich haben aber etwas mit der Mafia zu tun.«

»Und Sie erwarten tatsächlich, daß Ihnen das irgend jemand glaubt?« fragte Mandy. »Ihr eigener Namensvetter ist in einem Gangsterkrieg ums Leben gekommen.«

»Lange, bevor ich geboren bin, darf ich vielleicht dazu noch sagen«, bemerkte Luke. »Meinen Sie vielleicht, ich weiß nicht, was für eine Last ich mit meinem Namen herumtrage? Ich mußte mein ganzes Leben mit dem Wissen leben, daß mein Großvater ein Mafia-Boß war. Als ich aber noch ein kleiner Junge war, war er für mich nicht mehr als ein Großvater. Er hat mich auf seinen Knien geschaukelt und mir Süßigkeiten gekauft, er...« Luke seufzte. »Ach, was wissen Sie schon? Außerdem ist es Ihnen sowieso gleich, nicht wahr? Ich bin nicht hergekommen, um über meinen Großvater zu sprechen. Er ist tot. Ich bin hier, um über diesen Artikel zu reden. Es ist Ihnen natürlich klar, daß die Bauarbeiten eingestellt werden, falls es zu einer Untersuchung kommen sollte, nicht wahr?«

»Das hoffe ich sehr«, sagte Mandy.

»Wenn es so kommen sollte, bedeutet das für mich den Ruin«, sagte Luke. »Ich habe mich für diesen Auftrag verschuldet bis über die Ohren, und wenn ich ihn nicht zu Ende führen kann und den Bonus nicht bekomme, bin ich bankrott.«

»Das hätten Sie sich überlegen müssen, bevor Sie das Gesetz gebrochen haben«, sagte Mandy.

Wieder überraschte Luke sie, indem er laut lachte.

»So eine Antwort mußte ja kommen«, sagte er. Er trommelte leicht mit seinen Fingern auf der Tischplatte und sah Mandy einen Moment lang an, und es wurde ihr klar, daß er sie zum erstenmal als Frau und nicht als Feindin ansah.

»Ach, was soll's!« sagte er. »Was passiert ist, ist passiert. Haben Sie schon zu Abend gegessen?«

»Was?« Nahmen die Überraschungen, die dieser Mann für sie auf Lager hatte, nie ein Ende?

»Abendessen. Sensationsreporter essen doch auch, oder?«

»Ja, ich meine, Reporter essen natürlich auch. Ich habe noch nicht gegessen.«

»Noch nicht? Ausgezeichnet. Warum essen Sie nicht mit mir?«

»Was? Nein, nein, das könnte ich doch nicht tun«, stotterte Mandy. »Wie würde das denn aussehen?«

»Es würde aussehen, als befaßte sich eine Reporterin mit dem Mann, der in dieser Angelegenheit eigentlich am besten Bescheid wissen müßte«, sagte Luke. »Es sei denn, Sie haben Angst vor der Wahrheit.«

»Nein, ich habe keine Angst vor der Wahrheit«, sagte Mandy.

»Haben Sie Angst vor mir?«

»Nein«, sagte Mandy hastig. Fast zu hastig, schien ihr.

»Warum wollen Sie dann nicht mit mir zu Abend essen? Sie könnten sich dabei meine Version der Angelegenheit anhören. Vielleicht kann ich Ihnen den Unterschied zwischen Wahrheit und Fakten beibringen. Außerdem könnte es Ihnen vielleicht sogar Spaß machen.«

Mandy spürte, wie ihr unter seinem festen Blick immer wärmer wurde. Sie hatte noch nie so auf den Anblick eines Mannes reagiert. Bisher war es immer sie gewesen, die die Männer erregt hatte, und nicht umgekehrt. Sie versuchte, seinem Blick zu begegnen, schaffte es aber nicht.

»Also schön«, sagte sie schließlich. »Ich esse mit Ihnen zu Abend.«

»Gut«, sagte Luke und lächelte breit. »Kommen Sie mit.

Ich weiß, wo Sie das beste, echteste italienische Essen zwischen St. Louis und Memphis bekommen.«

Mandy lachte. »In Sikeston? Soll das ein Witz sein?«

Sie stieg in Lukes Wagen ein. Es war ein silberfarbiger Mercedes mit roten Ledersitzen. Sie lächelte. Irgendwie hatte sie gewußt, daß er so einen Wagen fahren würde.

»Ich wohne schon mein ganzes Leben in Sikeston«, sagte Mandy. »Von einem echten italienischen Restaurant habe ich aber noch nie etwas gehört.«

»Das kommt daher, daß Sie keine Italienerin sind«, sagte Luke mit einem gespielten, übertriebenen italienischen Akzent. Mandy mußte gegen ihren Willen lachen.

»Wohin fahren wir denn?« fragte sie. »Hier in der Gegend gibt es doch keine Restaurants.«

»Ich habe ja auch nicht gesagt, daß wir in ein Restaurant gehen«, sagte Luke.

»Doch, das haben Sie. Sie haben gesagt...«

»Ich habe gesagt, ich würde Sie an eine Stelle bringen, wo Sie das beste, echteste italienische Essen in Sikeston bekommen würden. Sie haben selbst festgestellt, daß es hier in der Stadt kein Restaurant gibt, wo Sie so etwas essen könnten. Das bekommen Sie nämlich nur in meiner Küche.«

»In Ihrer Küche? Soll das heißen, daß Sie mich in Ihr Haus bringen? Ausgeschlossen!«

Luke sah zu Mandy hinüber; er war von ihrer Reaktion etwas überrascht. Dann zog ein Schatten über seine Züge, und sein Lächeln verschwand. Er gab mit seinem Blinker Signal und wendete mitten auf der Straße.

»Was ist denn los, Miß Powers?« fragte er trocken. »Haben Sie Angst, Ihr Körper könnte morgen früh aus dem Bayou von St. John gezogen werden?«

»Nein, es ist nur...« begann Mandy zögernd, brachte den Satz aber nicht zu Ende.

»Es ist nur, daß Sie doch Angst vor mir haben. Das steckt dahinter, nicht wahr?«

Mandy konnte seinem Blick nicht begegnen. Sie biß sich auf die Lippe und sah zu Boden.

»Eigentlich hätte ich gedacht, daß Ihnen Ihr Instinkt als Reporterin genug Mut verleihen würde, daß Sie sich trauen, etwas Zeit mit mir zu verbringen. Soweit ich informiert bin, hat bisher noch kein Mitglied der Familie Todaro ein Interview gegeben. Sie wären also die erste, die das schafft. Ich biete Ihnen einen Waffenstillstand an, und den würde kein Mafioso brechen.«

Mandy sah ihn von der Seite an und wußte noch immer nicht, ob er sie auf den Arm nahm oder nicht. Ihr Anflug von Angst, den sie verspürt hatte, als er ihr eröffnete, sie würden nicht in ein Restaurant gehen, schien ihr jetzt unvernünftig. Sie lächelte ihn an.

»Es tut mir leid«, sagte sie. »Wahrscheinlich bin ich einfach ein wenig nervös. Ich würde gern mit Ihnen essen. Natürlich nur, wenn Sie das jetzt noch wollen.«

Ohne ihr Antwort zu geben, wendete Luke noch einmal und fuhr weiter nach Norden.

»Entschließen Sie sich«, reizte er sie gutgelaunt. »Wenn wir weiter ständig unvermittelt wenden, haben wir bald die Polizei auf dem Hals.«

Luke wohnte in einem schönen, renovierten, alten Haus an einem engen Fortsatz der North Ridge Road. Es war ein großes, zweistöckiges Haus mit Türmchen und Erkern im Viktorianischen Stil der 1880er Jahre, in denen es gebaut worden war.

»Ich liebe solche alten Häuser«, sagte Mandy.

»Jede italienische Mama träumt davon, daß ihr Sohn eine nette Frau, eine große Familie und ein schönes Haus bekommt«, sagte Luke. »Na ja, die Frau habe ich noch nicht gefunden, aber wenigstens das Haus. Es war seit dreißig Jahren unbewohnt, und es wäre billiger gewesen, ein neues Haus zu bauen, aber ich habe mich in es verliebt und zu seiner ganzen alten Pracht renovieren lassen. Geschäftlich gesehen, war das vielleicht unklug, aber mir gefällt es, und ein Drittel des Traums meiner italienischen Mutter ist schon erfüllt.«

»Dieser Traum ist nicht auf Italiener beschränkt«, sagte Mandy. »Den hat jeder.«

»Sie auch?«

»Meinen Sie, ein amerikanisches Mädchen wie ich hat keine Träume?«

»Wahrscheinlich schon«, sagte Luke. »Ich hätte aber angenommen, daß Sie von Pulitzer-Preisen oder nationalen Presse-Preisen oder ähnlichem träumen.«

Mandy lachte. »Zugegeben, solche Träume habe ich auch«, sagte sie. »Manchmal denke ich aber auch, es wäre schön, den richtigen Mann zu finden, zur Ruhe zu kommen und in einem schönen Haus zu wohnen, das ganz allein uns gehört. Oh, Mr. Todaro, Ihre Küche ist ja wunderschön.« Die Küche hatte einen gekachelten Boden, eine große Arbeitsfläche in der Mitte, ein Regal mit Kupfer-Küchengeschirr, einen großen Herd und einen Mikrowellenherd. Bei der Arbeitsfläche standen einige Hocker, so daß man sie auch zum Essen benutzen konnte. Luke zog einen Hocker her, bot ihn Mandy an, und dann machte er den Kühlschrank auf und holte die Zutaten für das Essen heraus.

»Ob Sie es glauben oder nicht, aber die ursprüngliche Küche war so klein wie ein Kleiderschrank. Als das Haus gebaut wurde, waren natürlich noch Dutzende von Dienstboten da, und außer ihnen ist niemand in die Küche gekommen. Ich dagegen koche sehr gern. Mögen Sie Kalbs-Scaloppine?«

»Ganz bestimmt«, antwortete Mandy.

»Ich dachte, wir essen Scaloppine mit Spargel«, sagte Luke. Er ging mit den Zutaten zu der Arbeitsfläche und begann, die dünnen Streifen aus Kalbfleisch mit Oregano, Knoblauchsalz und Pfeffer zu würzen.

»Meinen Sie, Chance Bailey wäre dieser richtige Mann?« fragte Luke, während er begann, Öl und Butter in einer Pfanne zu erhitzen.

»Ich glaube, er würde einen guten Senator abgeben, ja«, antwortete Mandy.

»Danach habe ich nicht gefragt.«

»Wonach dann?«

Luke panierte das Fleisch mit Mehl und legte es in die Pfanne. Es prasselte laut. Er sah sie an.

»Für Sie, meine ich. Sie haben doch gesagt, wenn der richtige Mann käme, würden Sie sich zurückziehen.«

Mandy wurde rot.

»Das – das ist aber eine sehr persönliche Frage«, sagte sie.

»Sie sind mit meinem Leben auch sehr persönlich umgesprungen«, sagte Luke. »Ich dachte, es wäre nicht mehr als gerecht, wenn ich es Ihnen mit gleicher Münze heimzahle.«

»Mr. Todaro . . .«

»Sie können ruhig Luke zu mir sagen.« Er goß eine Tasse Weißwein über das Fleisch.

»Das möchte ich lieber nicht, wenn es Ihnen nichts ausmacht. Ich finde, wir sollten auf neutralem Boden bleiben. Sie sind eine Gestalt des öffentlichen Lebens, Mr. Todaro, und Ihr Privatleben ist von allgemeinem Interesse. Jeder kann über Sie schreiben, was er will, weil Sie der Mann sind, der Sie sind.«

Luke gab das Fleisch in einen Topf zum Garen und goß die Flüssigkeit aus der Pfanne darüber. Dann legte er auf jede Scheibe Kalbfleisch eine Scheibe Schinken und eine

Scheibe Mozzarella, streute Parmesan darüber und stellte den Topf in den Backofen.

»Werte Dame, Sie klären hier jemanden auf, der das ganz und gar nicht mehr nötig hat«, sagte Luke. »Mit diesem Problem bin ich großgeworden. Ich erinnere mich noch daran, daß ich ständig Reporter gesehen habe, die sich hinter Büschen oder Autos versteckten, nur weil sie ein Bild von meinem Großvater oder meinem Onkel bekommen wollten. Selbst mein Vater war nicht sicher, und der hat sich nie am Geschäft beteiligt.«

»So nennen Sie das also, das Geschäft«, sagte Mandy.

Luke hatte die Spargel offensichtlich schon vorher vorbereitet, denn nun nahm er sie aus dem Kühlschrank und deckte sie auf.

»Mein Gott, wie soll ich es denn sonst nennen?« fragte er und sah sie an. Seine Augen hatten plötzlich einen verblüffend sensiblen und verwundbaren Ausdruck angenommen. »Hören Sie zu, Guiseppe war mein Großvater. Ich billige seine Taten und die Art, wie er seinen Lebensunterhalt verdient hat, nicht. Ich habe mich von all dem völlig getrennt.«

»Sie haben Ihren Namen nach ...«

»Lucky Luciano bekommen, ja, ich weiß. Er war der älteste Bruder meines Vaters, und mein Vater wollte ihn ehren. Haben Sie daran etwas auszusetzen? Sie sagten doch, Sie hätten schon Ihr ganzes Leben hier gewohnt. Wie lange wohnt Ihre Familie schon in der Gegend hier?«

»Ich weiß es nicht genau. Bestimmt schon seit einigen Generationen.«

»Schon vor dem Bürgerkrieg?«

»Ja, ich habe schon Geschichten gehört, die von meinem Ur-Ur-Urgroßvater stammen.«

»Zweifellos ein Sklavenhalter. Das war hier ein Sklavenstaat.«

»Worauf wollen Sie hinaus?«

»Welches Verbrechen ist wohl widerlicher als Sklaverei? Ihre Familie war daran beteiligt.«

»Aber das ist doch schon ewig her, mehr als hundert Jahre.«

»In Sizilien haben wir ein Sprichwort: ›Blut kennt keinen Kalender.‹ Das bedeutet, daß Ihr Vorfahre von Ihrem Blut ist, so weit Ihr Stammbaum auch zurückreicht. Ich will damit nur sagen, daß Sie nicht an den Sünden Ihrer Vorfahren schuld sind, aber ich auch nicht.«

»Vielleicht nicht«, sagte Mandy. »Das Problem, mit dem wir es hier zu tun haben, steht eigentlich in keinerlei Verbindung mit Ihrem Großvater. Es geht dabei vielmehr um einen Betrug, den Sie im Zusammenhang mit der Ausschreibung für den Poplar-Bluff-Bauauftrag begangen haben.«

»Sie sagen, das hätte nichts mit meinem Großvater zu tun«, sagte Luke. »Trotzdem hat die Tatsache, daß ich den Namen Todaro trage, Sie in der Meinung bekräftigt, daß ich schuldig bin.«

»Nein, zu diesem Schluß bin ich gekommen, als ich entdeckt habe, daß Ihnen beide Firmen gehören. Das stimmt doch, Mr. Todaro?«

»Nein«, sagte Luke.

»Nein?«

»Offiziell bin ich tatsächlich der Besitzer der Hoch- und Tiefbaufirma Delta, aber das steht nur auf dem Papier. Sie gehört mir nicht, und ich habe mit ihren geschäftlichen Entscheidungen nichts zu tun. Das Angebot von Delta war völlig legitim, und ich hatte keine Ahnung, wie hoch es war. Ich mußte viel rechnen, bevor ich mein eigenes Angebot eingereicht habe, und einen Profit werde ich nur dann damit machen, wenn ich sehr,

sehr viel Glück habe. Wenn Sie mit Ihrem Artikel die Bauarbeiten verzögern sollten, verdiene ich keinen Penny damit.«

Luke holte die Scaloppine aus dem Backofen und servierte sie für beide.

»Wenn Delta nicht Ihnen gehört, wem denn sonst?«

»Das kann ich nicht sagen«, sagte Luke.

Mandy seufzte. »Mr. Todaro, Sie können mir wirklich glauben, daß ich Ihnen gegenüber fair sein möchte. Wenn Sie aber nicht mit mir zusammenarbeiten wollen, wie soll ich das dann schaffen?«

»Das weiß ich auch nicht«, gab Luke zu.

»Mmm, das schmeckt ja köstlich«, sagte Mandy, nachdem sie den ersten Bissen genommen hatte.

»Freut mich, daß Sie es mögen. Hören Sie mal, können Sie eines für mich tun?«

»Was denn?«

Luke seufzte. »Es wird früher oder später doch herauskommen, wem Delta gehört. Ich wußte schon immer, daß ich mich dem eines Tages stellen müßte. Es handelt sich dabei nicht um etwas Unehrliches, nur peinlich ist es vielleicht. Ich mache es Ihnen nicht zum Vorwurf, daß es jetzt herausgekommen ist, aber ich wünschte wirklich, Sie würden nichts mehr über meine sogenannten ›Verbindungen‹ schreiben. Ich habe keine Verbindungen, und diese Geschichte ist sehr empörend. Und gefährlich.«

»Gefährlich? Ist das eine Drohung?«

»Nein«, sagte Luke hastig. »Zumindest nicht von mir. Wenn Sie aber damit weitermachen, könnte ich in viel schlimmere Gefahr geraten als Sie. Mitgliedschaft in der Mafia erhält man nur auf Einladung. Ich bin mit dem Anrecht darauf geboren, aber ich habe auf dieses Anrecht verzichtet. Ich kann es jetzt nicht mehr plötzlich doch in Anspruch nehmen, selbst wenn ich das wollte.«

»Sie nehmen dieses Recht doch gar nicht in Anspruch. Sie wehren sich sogar dagegen.«

»Ich wehre mich dagegen, weil ich nichts damit zu tun haben möchte. Das spielt aber keine Rolle, denn wenn Sie oft genug davon sprechen, werden manche Leute anfangen, es zu glauben, und andere Leute werden sich sehr darüber ärgern.«

»Also gut«, erklärte Mandy. »Ich werde Ihre Familie nicht mehr erwähnen, Mr. Todaro. Sie spielt ja im Grunde sowieso keine Rolle. Morgen werden die Presseagenturen die Story aber bringen, und sie werden die Verbindung sicher herstellen.«

»Ja, aber der Kern der Story ist hier. Wenn Sie aufhören, darüber zu schreiben, werden die anderen es mit der Zeit auch lassen. Sie werden sich nach Ihnen richten.«

»Ich möchte Sie hier nur fairerweise warnen, daß ich vorhabe, die Sache weiterzuverfolgen«, sagte Mandy. »Und wenn ich herausbekomme, daß Sie doch Verbindungen haben und das etwas mit dieser Ausschreibung zu tun hat, werde ich das auch benutzen.«

»Einverstanden«, antwortete Luke. Er lächelte. »Ich wußte von dem Augenblick an, als ich Sie in der Redaktion gesehen habe, daß ich Ihnen vertrauen kann.« Er hob eine Hand zu ihrem Gesicht und strich ihr mit den Fingerspitzen leicht über die Wange. Sie besaßen die verblüffende Eigenschaft, zugleich heiß und kalt zu sein. Er hielt seine Hand einen langen Augenblick dort und sah sie mit seinen tiefblauen Augen mit einem tiefen, magnetischen Blick an, und plötzlich wußte Mandy, daß er sie küssen würde.

Luke berührte mit seinen Lippen ihren Mund, zuerst sanft, und als der Kontakt dann hergestellt war, mit größerer Eindringlichkeit und stärkerem Verlangen. Mandy spürte seine offenen Lippen auf ihren und war überrascht darüber, wie sehr ihr das Gefühl gefiel. Er löste seine Lippen einen Moment von ihr, und die beiden sahen sich regungslos tief in die Augen, ohne ein Wort zu sagen, und dann berührten sich ihre Münder wieder, und er küßte sie noch einmal. Einen Augenblick fühlte sich Mandy schwindlig, aber es war kein unangenehmes Schwindelgefühl, sondern es war süß und einladend, und sie war bereit, sich gehenzulassen und mit diesen Gefühlen mitzuschweben, so weit sie sie tragen würden. Dann aber unterbrach Luke den Kuß.

Mandy sah ihm mit einem Ausdruck von Überraschung und unschuldiger Verwundbarkeit ins Gesicht. Die Überraschung erklärte sich nicht so sehr daraus, daß er sie geküßt hatte, sondern daß sie so stark auf den Kuß reagiert hatte.

»Entschuldigung, bitte«, sagte Luke. »Das hätte ich nicht tun sollen.«

»Mir hat es Spaß gemacht«, sagte Mandy und war im gleichen Augenblick über ihre eigene Offenheit schokkiert. Ihr Körper fühlte sich heiß und schlaff an, und sie wollte, daß er es noch einmal machte.

»Du bist so schön«, sagte Luke. Er trat einen Schritt von ihr zurück und lächelte traurig. »Es wäre jetzt so einfach. Du bist so verwundbar, und ich ...« Er stockte und seufzte tief. »Ich bin einfach so sehr ein sizilianischer Ehrenmann. Ich kann die Maske nicht tragen, verstehst du?«

»Die Maske?« wiederholte Mandy.

Luke räumte das schmutzige Geschirr zur Spüle, kam zurück und goß zwei Gläser Rotwein ein.

»Ja, die Maske«, sagte er. »Fast jeder trägt eine Maske, weil er fürchtet, die Welt würde ihn so sehen, wie er wirklich ist. Es ist eine Welt geschminkter Clowns. Ein schönes junges Mädchen geht am Strand an einem Mann in den mittleren Jahren mit seiner Frau vorbei, und sie alle setzen sich ihre Masken auf.«

Mandy lächelte Luke verständnislos an.

»Das hübsche junge Mädchen tut so, als habe es kein Interesse an der Aufmerksamkeit des Mannes«, sagte Luke, »und deshalb wählt sie die Maske der Langeweile.« Luke fuhr sich mit der Hand über das Gesicht und nahm einen gelangweilten Ausdruck an.

Mandy lachte.

»Der Mann«, fuhr Luke fort, »wählt die Maske der Unschuld, weil er nicht möchte, daß seine Frau weiß, was er gesehen hat, und daß er Freude an der Schönheit des jungen Mädchens hatte.« Wieder fuhr sich Luke mit einer Hand über das Gesicht, in das nun ein Ausdruck von völliger Unschuld getreten war.

»Und was ist mit der Frau?« fragte Mandy. »Trägt sie auch eine Maske?«

»Aber sicher«, sagte Luke. »Die Frau möchte nicht, daß das junge Mädchen merkt, wie neidisch sie auf sein Aussehen ist, und deshalb trägt sie die größte Maske von allen, die Maske der Gleichgültigkeit.«

»Und du siehst alle diese Masken?« fragte Mandy.

»Ja«, sagte Luke. »Ich sehe sie, aber ich kann nicht selbst eine aufsetzen. Und da ich mich nicht vor den Menschen mit einer Maske schützen kann, tue ich das Nächstbeste und gehe ihnen aus dem Weg. Deshalb verberge ich mich vor den Medien, und deshalb sind die einzigen Bilder, die sie von mir haben, ohne mein Wissen aufgenommen worden. Freiwillig würde ich mich nie fotografieren lassen. Ich würde niemals mit jemand in Kontakt treten, wenn ich es vermeiden könnte.«

»Aber das stimmt doch gar nicht«, sagte Mandy. »Du bist doch ein sehr erfolgreicher Geschäftsmann. Du wärst nie so weit gekommen, wenn du nicht mit Leuten umgehen könntest.«

»Ah, aber das ist etwas anderes«, sagte Luke. »Ich kann mit Leuten im Plural umgehen, besonders wenn es um Geschäftsdinge geht. Bei einem geschäftlichen Gespräch sind Masken aber selbstverständlich und gehören einfach dazu. Die Leute, mit denen ich verhandle, verstecken sich hinter ihrer Maske, und ich hinter meiner. Wir haben so nie wirklich miteinander zu tun. Das habe ich gemeint, als ich sagte, ich würde nie mit jemand in Kontakt treten. Mit Einzelmenschen kann ich nicht umgehen.«

»Ich weiß nicht«, sagte Mandy sanft. »Mit mir ging es doch ganz gut.«

Mandy lehnte sich leicht zu ihm hin und hob den Kopf. Ihren Mund hatte sie leicht gespitzt, als erwartete sie, noch einmal geküßt zu werden, und inzwischen war es ihr klargeworden, daß sie sich das wünschte. Sie spürte seine Finger auf ihrer Wange, holte Luft und wartete – und wartete. Der Kuß kam nicht. Sie hatte voller Erwartung die Augen geschlossen, und nun öffnete sie sie wieder und sah ihn fragend an.

»Nein«, sagte er. »Ich meine nicht, daß ich gut mit dir umgehen kann. Ich halte es sogar für das beste, wenn ich dich heimbringe.«

Plötzlich wurde sich Mandy bewußt, was sie tat, und sie wurde rot. Wie hatte sie es nur zulassen können, daß sie so reagiert hatte? Besonders auf Luke Todaro. Sie räusperte sich.

»Ja«, sagte sie. »Es wird schon spät.«

»Mandy, es tut mir leid«, sagte Luke.

»Es tut dir leid? Mach dich nicht lächerlich! Weshalb denn?«

»Es tut mir leid, daß ich mich nicht so öffnen kann, wie du das erwartest.«

»Mach dir darüber keine Gedanken. Es ist ein Teil meines Berufs, hinter die Masken zu sehen, von denen du gesprochen hast.«

»Ich spreche nicht von Offenheit, was deinen Beruf betrifft, sondern in unserer persönlichen Beziehung.«

»Zwischen uns gibt es keine persönliche Beziehung, Mr. Todaro«, sagte Mandy vielleicht etwas schärfer, als sie beabsichtigt hatte. Ihre Haut brannte, und sie hätte alles in der Welt dafür gegeben, wenn sie es nicht zugelassen hätte, daß er sie küßte. Schlimmer noch, sie hatte es sich anmerken lassen, daß sie noch einen Kuß wollte und erwartete.

»Gut«, sagte Luke. »Ich möchte nicht denken müssen, daß ich irgendwie deine Gefühle verletzt habe.«

»Sie schmeicheln sich selbst, Mr. Todaro«, sagte Mandy. »Für mich sind Sie nichts als eine Story, und, heute abend zumindest, ein Essen. Dafür möchte ich mich bei Ihnen bedanken, denn es hat ausgezeichnet geschmeckt.«

5

»Hier Mandy Powers«, sagte Mandy in das Telefon.

»Mandy, hier ist Chance. Es tut mir wirklich leid, daß gestern abend nichts aus unserem Essen geworden ist, aber Sie wissen ja, wie es ist. Können wir uns vielleicht heute zum Mittagessen treffen?«

Mandy sah auf ihre Uhr. Sie würde mit ihrem Artikel bis zum Redaktionsschluß fertigwerden, und danach konnte sie Essen gehen.

»Sicher, okay«, sagte Mandy. »Wo?«

»Im ›Ramada‹«, sagte Chance. »Könnten wir uns direkt dort treffen? Ich habe noch einiges zu erledigen, und ich würde Zeit sparen, wenn ich Sie nicht abzuholen brauchte.«

»Kein Problem. Wann?«

»Um halb eins.«

»Wir sehen uns also um halb eins«, sagte Mandy.

Sie legte auf und schrieb die letzten Absätze ihres Artikels fertig. Es war ein Nachfolgeartikel zu der Poplar-Bluff-Ausschreibung, der weit weniger feindselig war als der Donnerschlag von gestern. In dem Artikel von heute stand kaum mehr als die Tatsachen und Zahlen über die Bauarbeiten, die eigentlich eher für Todaro sprachen. Die Bauarbeiten verliefen nämlich nach den Angaben genau nach dem Plan, den die Baufirma Todaro in der Ausschreibung vorgelegt hatte. Außerdem entdeckte Mandy, daß die Schätzung der Straßenbaubehörde über die Höhe des zu erwartenden Angebots höher gewesen war, als das Angebot, das die Firma Luke Todaro tatsächlich eingereicht hatte.

Mandy gab dem Artikel seinen Titel, speicherte ihn und sah zu der Wanduhr hoch. Es war zwanzig nach zwölf; sie hatte also gerade noch genug Zeit, um wie verabredet um halb eins im ›Ramada‹ essen zu können.

Als sie vor dem ›Ramada‹ einparkte, fuhr ein Ford-Kleinbus in die Parklücke, direkt neben ihr. Er trug auf seiner Seitenfront die Aufschrift WÄHLT SENATOR BAILEY, und als die Tür aufging, stieg Chance aus. Er war wie üblich von Peter Hawkins begleitet.

»Pünktlich wie gewöhnlich, wie ich sehe«, sagte Peter. »Hören Sie, ich habe gerade in der Zeitung angerufen, aber da waren Sie schon weg. Jack sagte, Sie hätten bestimmt nichts dagegen, heute nachmittag mit zu der Baustelle zu kommen.«

»Zu der Baustelle?«

»Sie wissen doch, wo Todaro arbeitet«, sagte Peter.

»Warum?«

»Warum? Weil wir dort eine Erklärung abgeben werden«, sagte Peter. »Die Leute vom Fernsehen werden auch da sein, aber Sie bekommen natürlich mehr Informationen.«

»Was werden Sie in der Erklärung denn sagen?«

»Ich werde die Gründung einer Bürgerinitiative gegen Korruption im Baugewerbe verkünden«, sagte Chance. »Ich werde auf die Tatsache hinweisen, daß es bei der Ausschreibung für den Bauauftrag Poplar Bluff zu bestimmten Unregelmäßigkeiten gekommen ist und daß wir das zum Ziel unserer ersten Untersuchung machen werden.«

Peter lachte, und Mandy drehte sich um, um ihn anzusehen. Der Mann erinnerte sie etwas an einen Schmarotzerfisch, der hinter Chance herschwamm und seinen Abfall vertilgte. Er war von einem Gefühl der Selbstüberschätzung aufgebläht, ein junger Mann mit blaßblondem Haar und hellblauen Augen, der kaum älter als sie selbst war.

»Natürlich wird die Baufirma Todaro das einzige Ziel unserer Untersuchung sein«, sagte Peter. »Eigentlich wird die Bürgerinitiative ausschließlich dafür gegründet. Bei einem anderen Reporter würden wir das natürlich nie zugeben. Wir wären dann erledigt.«

»Und warum geben Sie es dann bei mir zu?« fragte Mandy, die sich über diese Eröffnung etwas ärgerte.

»Weil wir Ihnen vertrauen«, antwortete Chance an Peters Stelle, der von Mandys Reaktion verwirrt schien.

»Ja, aber respektieren Sie mich auch?«

Chance lachte. »Das hört sich an, als wären Sie die große Sünderin.

Mandy spürte, daß sie rot wurde. »So habe ich das nicht gemeint, und das wissen Sie auch.«

»Und wie haben Sie es sonst gemeint?«

»Chance, ich habe es Ihnen schon einmal gesagt, daß mir meine Arbeit sehr wichtig ist und ich es sehr ernst damit meine. Ich möchte natürlich, daß Sie mir vertrauen, und Ihre Freundschaft ist mir viel wert – aber ...«

»Ich hatte gehofft, daß es etwas mehr als Freundschaft ist«, unterbrach sie Chance. Er legte ihr sanft, aber zugleich besitzergreifend eine Hand auf die Wange.

»Vielleicht ist es ein bißchen mehr als Freundschaft«, gab sie zu. »Sehen Sie dann aber nicht ein, daß ich deshalb Ihren Respekt um so mehr brauche? Sie dürfen mir nicht die Hände binden und Informationen geben, die ich eigentlich benützen sollte, aber auf Ihre Anweisung hin nicht benutzen darf.«

»Das ergibt doch keinen Sinn«, sagte Peter.

»Doch, ich verstehe, was sie sagen will, und sie hat recht damit«, sagte Chance sanft. »Wir sollten so etwas tatsächlich nicht tun. Ich bitte um Entschuldigung. Ich respektiere und bewundere Ihre Integrität sehr, und wir werden uns in Zukunft bemühen, sie nicht zu verletzen.«

»Danke«, sagte Mandy. »Das weiß ich zu schätzen, Chance, ganz bestimmt.«

»Hören Sie zu«, sagte Chance. »Ich weiß auch nicht, aber dieser Wahlkampf fördert irgendwie die schlechtesten Eigenschaften, glaube ich. Ich bin in Wirklichkeit gar nicht so; ich bin kein Halsabschneider. Ich halte mich für einen guten Geschäftsmann, und bei geschäftlichen Verhandlungen ergreife ich jede Chance, die sich mir bietet. Das gehört aber dazu und bildet sogar einen Teil der ethischen Vorstellungen, die unser Leben bestimmen. Ich weiß es nicht, aber vielleicht gibt es in der Politik besondere ethische Werte, die weitreichender sind als die, die die geschäftlichen und persönlichen Beziehungen bestimmen. Ich kann eigentlich nicht sagen, daß ich von dieser speziellen Ethik in der Politik besonders überzeugt bin, aber ich möchte Senator werden, und deshalb muß ich in der politischen Arena bestehen. Ich will Ihnen sagen, Mandy, daß ich dieses Amt aus den richtigen Gründen anstrebe. Ich bin nicht machthungrig, sondern ich glaube, daß ich so etwas für unsere Gesellschaft tun könnte. Ich bin im Grunde ein Idealist, und deshalb kenne ich natürlich die Bedeutung der Integrität für einen Journalisten, und ich weiß, daß Sie sie besitzen. Ich glaube, das war mit das erste, was ich an Ihnen so attraktiv fand.«

Manchmal war Mandy soweit, daß sie glaubte, Chance Bailey sei nichts anderes als das Endprodukt von Peter Hawkins und seinen Werbefachleuten. Er sah so gut aus wie ein Filmstar, war gebaut wie ein Olympiasieger und mit seiner glatten Zunge der beredsamste Mann, den sie kannte. Diese Eigenschaften sicherten ihm zwar seine zahlreichen Anhänger, aber auf der persönlichen Ebene stellten sie ein enormes Hindernis dar, das erst überwunden werden mußte. Dann aber, wenn sie schon dachte, sie hätte ihn völlig durchschaut und katalogisiert, zeigte er sich von einer sehr menschlichen, sensiblen Seite, und sie erkannte wieder von neuem, warum sie sich in seiner Gesellschaft so wohl fühlte. So ging es ihr auch jetzt wieder.

Chance ging nicht einfach ohne Aufhebens in das Restaurant hinein, sondern nahm energisch Besitz davon. Er ging von einem Tisch zum anderen, begrüßte die Gäste, schüttelte ihnen die Hände und stellte die richtigen Fragen über Frauen, Söhne und Töchter.

»Wie geht es Ihrer Frau denn? Ist sie inzwischen schon aus dem Krankenhaus entlassen?«

»Ich habe Ihre Tochter in der Wahl der Miß Sikeston gesehen. Sie ist ja ein bildhübsches Mädchen, und Sie sind bestimmt sehr stolz auf sie.«

»Wie ich höre, macht sich Ihr Sohn ja einen beachtlichen Namen als Läufer. Er nimmt doch an der Bezirksmeisterschaft teil, nicht?«

Mandy versuchte, sich aus dem direkten Rampenlicht herauszuhalten, aber zu viele Leute hatten ihren Artikel gelesen und wollten mit ihr darüber reden. Es war eigentlich komisch, dachte sie. Gestern abend hätte sie mit ihrem Artikel gar nicht genug Aufmerksamkeit erregen können. Bei sich selbst gab sie die Wahrheit auch ehrlich zu, daß das Lob, das sie für ihn erwartet hatte, einer der Hauptanreize dafür gewesen war, daß sie ihn überhaupt geschrieben hatte.

Nun aber fühlte sie sich bei all den Glückwünschen nicht recht wohl. Sie ließen unerklärlicherweise in ihr das Gefühl aufsteigen, daß sie Luke Todaro irgendwie verriet.

Lächerlich. Wie konnte sie Luke Todaro verraten? Sie hatte keine Beziehung zu ihm, und deshalb gab es auch nichts zu verraten.

Die kleine Gesellschaft erreichte endlich ihren Tisch. Peter hatte am Buffet zwei Teller gefüllt – einen für Chance, und einen für sich selbst. Als sich Chance endlich zum Essen hinsetzte, war Mandy fast schon fertig.

»Tut mir leid«, entschuldigte er sich.

»Sie brauchen sich nicht zu entschuldigen, Chef«, sagte Peter. »So gewinnt man eine Wahl. Ich verstehe das schon.«

»Ich glaube, die Entschuldigung hat mir gegolten«, sagte Mandy. Sie lächelte, streckte eine Hand über den Tisch und legte sie auf die von Chance. »Machen Sie sich darüber aber keine Gedanken. Ich weiß auch, wie dieses Spiel läuft.«

»Sind Sie Mandy Powers?«

Mandy sah sich um und wäre fast gegen einen muskulösen Mann von ungefähr dreißig Jahren gestoßen, der hinter ihr stand und wütend auf sie herabsah. Er trug eine Leinenjacke und einen grünen Bauarbeiterhelm mit einem CATERPILLAR-Emblem darauf.

»Ja«, sagte Mandy. »Was kann ich für Sie tun?«

»Sie können damit aufhören, Lügen über Mr. Todaro zu schreiben, das können Sie für mich tun«, sagte der Mann. »Wenn Sie das nämlich nicht freiwillig lassen, werde ich dafür sorgen.«

»Billy Ray, ist Ihnen klar, daß Sie damit einer Drohung gefährlich nahekommen?« fragte Chance.

»Eine Drohung? Hat es sich etwa so angehört? Genau das sollte es nämlich auch sein.«

»Jetzt reicht es aber, Billy Ray«, sagte Chance. »Warum setzen Sie sich jetzt nicht hin und essen in aller Ruhe?«

»Warum halten Sie sich nicht aus der Sache raus?« sagte Billy Ray. »Die geht nämlich nur mich und Miß Powers etwas an.«

»Da bin ich aber nicht so sicher«, sagte Chance. »Ich vertrete Miß Powers und würde sagen, Sie können sich wegen geschäftsschädigender Äußerungen auf ungefähr 100 000 Dollar Schmerzensgeld gefaßt machen. Soll ich die Sache verfolgen?«

»Einen Moment, Chance«, sagte Mandy und legte ihm eine Hand auf den Arm. Sie sah Billy Ray an. »Sagen Sie mir doch bitte, was Sie an meinem Artikel besonders stört?«

»All die Behauptungen, er hätte den Auftrag nur mit Betrug bekommen. Wenn Sie so weitermachen, wird der Staat ihm noch den Auftrag entziehen, und dann werden viele Leute, die heute Arbeit haben, arbeitslos auf der Straße sitzen, und zu denen könnte ich auch gehören. Ich habe eine Frau und zwei Kinder zu ernähren, und ich habe nicht die Absicht, tatenlos zuzuschauen, wie so eine

Rotznase, die gerade vom College kommt, mich und eine Menge anderer Leute um die Arbeitsplätze bringt.«

»Ich versichere Ihnen, daß das nicht meine Absicht ist«, sagte Mandy.

»So? Auf jeden Fall werden Sie wieder von mir zu hören bekommen, wenn es soweit kommen sollte«, sagte er.

Zwei Freunde von Billy Ray nahmen ihn am Arm und führten ihn ruhig, aber bestimmt weg und verschwanden Gott sei Dank mit ihm aus dem Lokal. Die Gäste an den benachbarten Tischen, die ihr Essen unterbrochen hatten, um die Szene zu beobachten, widmeten sich wieder ihrer Mahlzeit und ihren Bekannten, weil es ihnen peinlich war, daß sie auch nur als Zuschauer hineingezogen worden waren. Einen Moment herrschte bedeutungsvolle Stille, und dann begannen sich alle, wie auf Kommando, wieder zu unterhalten. Die zahlreichen Gespräche lieferten Mandy und Chance einen Vorhang, hinter dem sie sich wieder privat unterhalten konnten.

»Machen Sie sich keine Gedanken seinetwegen«, sagte Chance. »Hunde, die bellen, beißen nicht.«

Mandy musterte Chance, und plötzlich brach sie in Lachen aus.

»Was ist denn?« fragte Chance, den sie mit ihrem Gelächter erschreckt hatte.

»Sie.«

»Was ist mit mir?«

»Wie Sie mir zu Hilfe gekommen sind.«

»Und, ist das denn nicht unsere amerikanische Art?« fragte Chance. »Man hämmert uns doch ständig ein, einer Dame in Not sollte man zu Hilfe kommen.«

»Schon möglich«, sagte Mandy. »Ich habe nur über die Art gelacht, wie Sie das getan haben. Ich will ja zugeben, daß es gewirkt hat, aber wenn Sie ihm mit einem Prozeß drohen, dann ist das nicht gerade – wie nennen es die harten Männer doch gleich wieder? Todesmut?«

Chance lachte. »Ich bin eben einfach dazu erzogen, meine Kämpfe auf finanziellem Gebiet auszutragen.«

»Ein beeindruckendes Schlachtfeld«, sagte Mandy.

»Genug davon«, sagte Chance. »Wie steht es mit Ihrem heutigen Artikel? Stellen Sie die Verbindung zur Mafia heraus?«

»Nein«, sagte Mandy.

»Warum nicht? Das bietet sich doch an.«

»Weil ich nicht sicher bin, ob es die tatsächlich gibt«, sagte Mandy.

»Wie meinen Sie das?« fragte Chance und sah sie überrascht an.

»Ich habe mich gestern abend mit Luke unterhalten, und er...«

»Luke?«

»Äh, Todaro«, sagte Mandy. Der Versprecher ließ sie leicht erröten. »Ich habe mich auf jeden Fall gestern abend mit ihm unterhalten. Chance, es ist wirklich nicht fair, ihn für die Sünden seines Großvaters verantwortlich zu machen. Das ist doch schon Jahre her.«

»Die Familie Todaro ist heute noch genauso in das organisierte Verbrechen verwickelt wie eh und je«, sagte Chance. »Sicher, sie fallen nicht mehr so auf wie früher. Gangsterkriege sind eben nicht ganz so populär wie Verhandlungen. Es gibt genug illegale Einkünfte aus Rauschgiftschmuggel, Prostitution und anderen kriminellen Aktivitäten, um selbst die geldgierigsten Verbrecher zufriedenzustellen. Sie können mir glauben, daß Marcello Todaro ebenso ein Don ist, wie das der alte Giuseppe war.«

»Das mag ja sein, aber mit Luke Todaro hat das nichts zu tun. Er ist nicht sein Onkel Marcello.«

»Ich verstehe«, sagte Chance. Er trommelte mit seinen Fingern auf dem Tisch und sah Mandy lange und eindringlich an. »Das muß ja eine eingehende Unterhaltung gewesen sein. Wo haben Sie sich denn getroffen?«

»Wir, äh, wir haben zusammen zu Abend gegessen«, sagte Mandy.

»Und Sie haben sich in der Öffentlichkeit mit ihm sehen lassen? Mandy, wie stehe ich denn da?«

»Wie *Sie* dastehen?« gab Mandy zurück. Chances Frage hatte sie etwas verärgert. »Warum sollte mein Verhalten denn auf Sie zurückfallen?«

»Es muß Ihnen doch klar sein, daß unsere Namen miteinander in Verbindung gebracht worden sind«, sagte Chance. »Sie tragen eine gewisse Verantwortung, denn schließlich sind Sie . . .«

»Bin ich was?« fragte Mandy.

»Na ja, meine ständige Begleiterin«, sagte Chance. »Es geht außerdem nicht nur um mich. Sie haben gerade einen sehr enthüllenden Artikel über ihn geschrieben, und ich hätte gedacht, daß Sie sich aus eigenem Interesse am besten so wenig wie möglich mit ihm zusammen in der Öffentlichkeit sehen lassen.«

»Dann können Sie ja beruhigt sein«, sagte Mandy.

»Wie meinen Sie das?«

»Man hat uns nicht zusammen gesehen.«

»Wie konnten Sie denn mit ihm zu Abend essen, ohne daß man Sie gesehen hat?«

»Weil ich bei ihm zu Hause zu Abend gegessen habe«, sagte Mandy, um es endlich loszuwerden.

»Sie – Sie haben *was?*« fragte Chance.

»Er hat mich zu sich zum Essen eingeladen, und ich habe angenommen.«

»Ich verstehe«, sagte Chance ruhig. »Und ist es Ihnen vielleicht in den Sinn gekommen, daß er Sie nur deshalb zu sich eingeladen hat, damit er Sie in aller Ruhe dazu überreden konnte, die Artikel gegen ihn einzustellen? Mit überreden meine ich...«

»Mich physisch unter Druck setzen?« fragte Mandy.

»Ja«, sagte Chance. »Vielleicht hat er das sogar schon versucht.«

»Wie meinen Sie das?«

»Ich habe von dem Kurzschluß gestern gehört. Das war äußerst knapp.«

»Ein Unfall, mehr nicht.«

»Vielleicht. Vielleicht war es aber auch eine Warnung.«

»Das glaube ich nicht. Der Artikel war doch kaum gedruckt. Es war einfach nicht genug Zeit, um einen Unfall vorzubereiten.«

»Vielleicht nicht. Aber als Sie sich gestern abend mit ihm getroffen haben, war der Artikel schon geschrieben und gedruckt. Ist Ihnen nie die Idee gekommen, daß es für Sie gefährlich werden könnte?«

»Ich muß gestehen, daß ich kurz an diese Möglichkeit gedacht habe.«

»Aber mitgegangen sind Sie trotzdem.« Das war eine vorwurfsvolle Feststellung und keine Frage.

»Ja.«

»Sie spielen mit dem Feuer, Mandy«, sagte Chance.

»Luke Todaro hat sich vorbildlich benommen«, sagte Mandy. »Mehr noch, er hat...« Mandy stockte und sah auf ihren Teller hinab. Plötzlich und unerklärlich waren ihr seine brennenden Küsse wieder eingefallen, und wieder stieg die Wärme in ihr hoch.

»Chance, zeigen Sie ihr die Akte«, schlug Peter vor.

»Welche Akte?« fragte Mandy.

»Geben Sie sie her«, sagte Chance. Peter griff in die Aktentasche zu seinen Füßen und holte einen Aktendeckel heraus, den er Chance gab.

»Peter wollte Ihnen diese Akte geben, damit Sie mehr Informationen für Ihre Artikelserie bekommen«, sagte Chance. »Jetzt bin ich nicht mehr so sicher, ob Sie das vielleicht mehr zu Ihrem eigenen Schutz brauchen. Lesen Sie den Bericht hier durch.«

»Worum geht es darin?« fragte Mandy, nahm ihm den Aktendeckel aus der Hand und sah ihn beiläufig an.

»Es ist ein vollständiger finanzieller Report darüber, wie Luke Todaro an das Geld gekommen ist, das er gebraucht hat, um die Baufirma Todaro aufzubauen«, sagte Peter. »Wissen Sie, er hat nämlich mehr als drei Millionen Dollar investiert, und die hat er nicht von einer der hiesigen Banken bekommen.«

»Na bitte, dann hat er seine Geschäfte eben nicht mit einer Bank aus seiner Heimatstadt finanziert. Das ist aber doch kein Verbrechen«, sagte Mandy.

»Er hat sein Geld von der Investitionsgesellschaft Artichoke bekommen.«

»Artichoke? Nie gehört.«

»Die Investitionsgesellschaft Artichoke ist der finanzielle Arm der Familie Todaro«, sagte Peter. »Mit ihr waschen sie ihr Geld. Luke Todaro hat seine Firma mit Geld aufgebaut, das damit verdient worden ist, daß Kinder rauschgiftsüchtig gemacht worden sind, oder was Sie sich an widerlichen Verbrechen sonst noch vorstellen können.«

»Er hat schmutzige Finger, Mandy«, sagte Chance. »Er mag noch so charmant sein, aber schmutzige Finger hat er trotzdem. Außerdem, und das ist noch wichtiger, könnte er auch gefährlich werden, wenn er glaubt, Sie sind ihm im Weg. Sehen Sie sich bei ihm vor. Vielleicht hat er mit dem Kurzschluß gestern abend wirklich nichts zu tun, aber die Sorte kann schon dafür sorgen, daß Unfälle passieren. Tödliche Unfälle.«

»Und – sind Sie sich Ihrer Tatsachen sicher?« fragte Mandy und sah die Akte an.

»Sie sind doch Reporterin«, sagte Chance. »Nehmen Sie das Material mit und überprüfen Sie es.«

»Das werde ich tun«, sagte Mandy. Ein unangenehmes Gefühl in ihr sagte ihr aber jetzt schon, daß das Material in der Akte Tatsachen wiedergab.

Kurz vor Ausstrahlung der Pressekonferenz im Fernsehen kam einer der Männer aus dem Presseraum, um ihre Autoschlüssel zu holen.

»Wir müssen Material abladen, und dabei sind uns einige Autos im Weg«, sagte er. »Wollen Sie, daß ich Ihren Wagen hinter dem Haus oder vorne auf der Straße abstelle?«

»Auf der Straße«, sagte Mandy. »Dann brauche ich nachher nicht nach hinten zu gehen, wenn ich wegfahre.«

»Okay«, sagte der Mann und nahm ihren Schlüssel in Empfang.

Nachdem Mandy ihm die Schlüssel zugeworfen hatte, widmete sie ihre Aufmerksamkeit wieder Chances Pressekonferenz, die live im Fernsehen gebracht werden sollte. Wie er das angedroht hatte, führte er sie tatsächlich auf der Baustelle ab, und während er seine Erklärung abgab, waren im Hintergrund Bulldozer und Lastwagen bei der Arbeit zu sehen. Ehrlich gesagt, war Mandy von der vollständigen Gleichgültigkeit beeindruckt, mit der die Arbeiter Chance und die Fernsehtechniker behandelten. Sie arbeiteten einfach weiter, als wären sie nicht da.

Beide Fernsehstationen der Gegend brachten die Konferenz, und die Zeitungsreporter waren bis von St. Louis hergekommen, denn die Andeutung, bei einem staatlichen Auftrag mit einem Volumen in Millionenhöhe sei es zu Schiebungen gekommen, ging in Missouri jeden an.

»Seit der Prendergast-Affaire hat es bei der Vergabe von staatlichen Bauaufträgen im Staat Missouri so eklatante Betrugsmanöver und Korruption nicht mehr gegeben«, sagte Chance in seiner Erklärung. »Mr. Todaros finstere Geschäfte werden die Steuerzahler Missouris wahrscheinlich Millionen von Dollar kosten. Sein Einfluß auf den bisherigen Senator Donlevy bedroht die Grundfesten unseres demokratischen Systems. Ich verkünde daher heute die Gründung einer Bürgerinitiative zur Ausrottung der Korruption bei der Vergabe staatlicher Bauaufträge. Wir werden alle Geschäfte Luciano Todaros genau überprüfen, und wenn wir damit fertig sind, werden wir den Bewohnern Missouris die Beweise vorlegen, die für eine Verurteilung nötig sind.«

»Mr. Bailey«, meldete sich ein Reporter aus St. Louis.

»Ja, der Herr von der *Post-Dispatch*«, sagte Chance.

»Sie haben doch keinen offfiziellen Auftrag zur Bildung dieser Bürgerinitiative, oder? Der Gouverneur oder der Staatsanwalt haben damit nichts zu tun, nicht wahr? Sie haben also keinerlei Machtbefugnisse.«

»Da täuschen Sie sich aber, Sir«, sagte Chance. »Ich bin direkt vom Volk beauftragt worden. Daher habe ich mein Mandat, und ich stehe für die Bürger und ihr Anrecht darauf, daß es bei öffentlichen Bauvorhaben ehrlich zugeht. Meine Macht ist die Macht der Bürger selbst. Sie können es mir glauben, daß dieses Komitee dafür sorgen wird, daß es bei den Regierungsaufträgen wieder ehrlich zugeht.«

Darauf folgten noch verschiedene andere Fragen, die Chance alle zufriedenstellend beantworten konnte. Als die Pressekonferenz vorbei war, sah sich Mandy noch einmal die Akte an, die Chance ihr gegeben hatte. Sie würde sie sehr genau durcharbeiten müssen. Aus irgendeinem merkwürdigen Grund ertappte sie sich bei dem Gedanken, daß sie die ganze Angelegenheit am besten nie angefangen hätte.

»Mann, das war ein Ding!« sagte der Mann, der ihr Auto wegfahren wollte, als er hereinkam. Er ließ die Schlüssel vor Mandy auf den Tisch fallen, war aber sichtlich angeschlagen. »Es hätte nicht viel gefehlt, und Sie hätten Ihr Auto verloren, Mandy. Und Mrs. Arnold fast ihren Lieblingssohn, nämlich mich.«

»Warum? Was ist passiert?«

»Ein großer Lastwagen hätte uns beinahe plattgefahren«, sagte er. »Er kam die Straße heruntergedonnert, als ich gerade herausfahren wollte. Wenn ich es nicht besser wüßte, würde ich schwören, daß er absichtlich auf mich zugefahren ist.«

»Das bilden Sie sich nur ein, weil Sie jetzt so aufgeregt sind.«

»Ja, wahrscheinlich haben Sie recht«, sagte er. »Wenn Sie an meiner Stelle gewesen wären, wären Sie aber auch aufgeregt. Mein Gott, so große Räder wie bei dem habe ich noch nie gesehen, und fast hätte er mich damit erwischt.«

6

»Mandy, haben Sie einen Moment Zeit?« fragte Jack am nächsten Morgen.

»Ja«, sagte Mandy. »Ich erwarte nur jeden Augenblick einen Anruf von unserem Büro in Washington. Sie überprüfen dort einige Informationen für mich.«

»Was für Informationen?«

»Informationen über die Investitionsgesellschaft Artichoke«, sagte Mandy. »Sie hat Luke Todaro unterstützt, als er seine Baufirma aufbauen wollte.«

»Das ist eine gute Idee«, sagte Jack. »Hören Sie zu, Kleines, ich weiß nicht so recht, wie ich Ihnen das sagen soll, und deshalb sage ich es Ihnen am besten ohne Umschweife.«

»Was denn?« fragte Mandy.

»Sie erinnern sich doch sicher an gestern abend, als Joe Ihr Auto wegfahren wollte und dabei fast von einem Lastwagen angefahren worden ist?«

»Natürlich.«

»Das war kein Zufall.«

»Wie meinen Sie das?«

»Gerade hat mich jemand angerufen«, sagte Jack. »Ich weiß nicht, wer es war, aber er hat behauptet, er hätte gestern den Lastwagen gefahren. Er dachte, Sie wären in dem Auto. Wörtlich hat er gesagt: ›Beim nächsten Mal entwischt sie mir nicht.‹«

»O Jack!«

»Hören Sie zu, wenn Sie sich jetzt doch aus der Angelegenheit zurückziehen möchten, können Sie das tun.«

»Nein«, sagte Mandy. »Ich mache weiter.«

Jack lächelte. »Also gut, aber seien Sie vorsichtig.«

»Mandy, hier ist Ihr Anruf aus Washington«, sagte Mike.

»Vielen Dank, Mike«, sagte Mandy. »Ich komme.« Sie nahm den Hörer ab. »Hallo, Homer, was haben Sie für mich?«

»Die Investitionsfirma Artichoke ist siebzehnmal wegen Verstoß gegen die Bundesgesetze angeklagt worden.«

»Irgendwelche Verurteilungen?«

»Einige Male haben sie mit dem Staatsanwalt etwas ausgehandelt, und sonst hat man die Anklage fallengelassen«, sagte der Reporter aus Washington. Er lachte. »Sie haben doch wohl nicht vor, sich von den Leuten irgendwelche Geschäfte finanzieren zu lassen, oder?«

»Nein.«

»Das ist gut. Sie brauchen schließlich wahrscheinlich beide Arme für die Schreibmaschine.«

»Was soll das heißen?«

»Angeblich sollen sie ausstehende Schulden mit Gewalt eintreiben. Ich habe auf jeden Fall den Eindruck, daß man bei diesen Leuten seine Raten am besten pünktlich bezahlt.«

»Wer ist der Präsident der Gesellschaft?« fragte Mandy.

»Lee Phillips.«

»Lee Phillips?« sagte Mandy überrascht. »Von dem habe ich noch nie etwas gehört.«

»Er ist ein Anwalt und praktiziert in New York«, sagte Homer.

»Ich verstehe. Homer, Sie wissen wohl nicht zufällig, ob er die Familie Todaro vertritt, oder?«

Homer lachte. »Gebt der Frau eine Zigarre«, sagte er. »Oder was man Frauen sonst so gibt, wenn sie richtig raten. Eigentlich vertritt er Marcello Todaro. Haben Sie von ihm schon einmal etwas gehört?«

»Ja«, sagte Mandy.

»Marcello Todaro ist der wirkliche Eigentümer der Investitionsgesellschaft Artichoke. Das sagt zumindest jeder, aber beweisen konnte es bisher noch niemand.«

»Eigentlich ist es kein Verbrechen, die Eigentümerschaft zu verbergen, oder?«

»Die Steuerfahndung hätte da nur einige Fragen, die bisher unbeantwortet sind«, sagte Homer. »Das ist natürlich noch das wenigste. Dahinter steckt die Tatsache, daß Marcello, wenn er seine Eigentümerschaft verbirgt, Geld unterbringen kann, das er mit seinen illegalen Geschäften verdient hat. Warum interessieren Sie sich überhaupt so für Marcello Todaro? Wollen Sie seine Geschäfte aufdecken?«

»Nein«, sagte Mandy. »Ich habe mit der Artikelserie schon genug zu tun, an der ich zur Zeit arbeite, und ich habe nicht die Absicht, mir noch etwas aufzuladen.«

»Gut«, sagte Homer. »Das klingt ja ganz vernünftig. Ich möchte nämlich nicht, daß man Ihnen das Gesicht zerschneidet, weil Sie sich mit den falschen Leuten eingelassen haben. Marcello Todaro reagiert auf neugierige Fragen sehr empfindlich, wenn Sie verstehen, was ich meine. Wenn ihm bei Untersuchungen jemand zu nahe kommt, dann haben solche Leute die unangenehme Eigenschaft, tot aufgefunden zu werden, und dabei ist es völlig gleichgültig, ob sie von der Polizei oder einer Bundesbehörde sind. Diese Menschen kennen keine Angst, und eine Reporterin würden sie zum Frühstück verzehren.«

»Ich weiß schon, was Sie mir sagen wollen«, sagte Mandy. »Vielen Dank, Homer.«

»Jederzeit, meine Liebe, jederzeit. Wenn Sie mal nach Washington kommen, zeige ich Ihnen die Stadt. Meiner Frau sagen wir davon natürlich nichts«, kicherte er.

»Das wird unser Geheimnis bleiben, Homer«, versprach ihm Mandy mit einem Lachen. Sie legte auf und sah sich die Notizen auf dem Block neben dem Telefon an.

Die Investitionsgesellschaft Artichoke wurde 1968 zur Finanzierung von Risiko-Geschäften gegründet.

Massive Investitionen für Spielcasinos in Las Vegas, New Jersey und auf den Bahamas.

Massive Investitionen für Nachtclubs und Massage-Salons im ganzen Land.

Massive Investitionen für Porno-Magazine.

Manche Geschäfte stehen erwiesenermaßen mit dem orga-

nisierten Verbrechen in Verbindung, aber es existieren nicht genug Beweise, um diese Geschäfte wiederum mit der Investitionsfirma in Verbindung zu bringen.

Siebzehnmal angeklagt, nie verurteilt; aber einige Male Vereinbarungen mit dem Staatsanwalt.

Präsident ist Lee Phillips, ein Anwalt aus New York, der auch die Interessen Marcello Todaros vertritt.

Rückständige Schulden werden von der Gesellschaft mit Gewalt eingetrieben.

Mandy steckte den Block mit den Notizen in ihre Handtasche. Hier konnte sie ihn nicht liegenlassen. Sie mußte mit Luke sprechen, um sich seine Version anzuhören. Sie hatte einmal den Fehler gemacht, einen Artikel erscheinen zu lassen, ohne ihm vorher eine Chance zu geben, Stellung dazu zu nehmen. Ein solcher Fehler würde ihr nicht ein zweites Mal passieren.

Mandy sagte Jack, sie wolle noch einige Informationen überprüfen und ging aus der Redaktion. Zehn Minuten später hielt sie vor der Baufirma Todaro an. Dieses Mal stellte sie ihren Wagen aber auf dem Besucherparkplatz ab. Sie hatte keine Lust, ihn wieder mit einem Gabelstapler wegtransportieren zu lassen, weil sie sicher war, daß er dieses Mal nicht so unbeschädigt davonkommen würde.

Mandy sah den Hubschrauber mit stehenden Rotoren hinter dem Haus stehen. Sie hoffte, daß das ein Zeichen dafür war, daß Luke da war.

Sie ging hinein, und die Empfangssekretärin begrüßte sie mit dem gleichen, geübten Lächeln.

»Guten Tag, Miß Powers«, sagte die Sekretärin, die sie also wiedererkannte.

»Guten Tag«, sagte Mandy.

»Kann ich etwas für Sie tun?«

»Ich möchte gern Mr. Todaro sprechen, bitte.«

»Augenblick, ich rufe zu seiner Sekretärin durch.«

»Vielen Dank«, antwortete Mandy.

Dieses Mal legte die Sekretärin den Hörer auf und sah Mandy überrascht an.

»Mr. Todaro holt Sie selbst ab«, sagte sie. »Das ist sehr ungewöhnlich. Normalerweise kommt er nie zur Rezeption.«

»Dann soll ich mich jetzt wohl geschmeichelt fühlen«, sagte Mandy. Die sarkastische Bemerkung war ihr unwillkürlich herausgerutscht. Sie war bereit gewesen, zu glauben, daß Luke Todaro doch eine gute Seite hatte. Dann aber hatten sie die Eröffnungen von Chance, die von ihrem Verbindungsmann in Washington bestätigt worden waren, praktisch davon überzeugt, daß Luke Todaros Position nicht zu halten war.

»Mandy, schön, Sie zu sehen«, sagte Luke lächelnd und streckte eine Hand aus. »Ich möchte mich für den Artikel in der Zeitung von gestern bedanken. Ich werde darin zwar nicht von jeglicher Schuld freigesprochen, aber er war auf jeden Fall nicht mehr so ungerecht wie der vom Vortag.«

Mandy gab ihm die Hand, ließ es aber bei einem neutralen Händedruck bewenden und ließ sie so schnell wie möglich wieder los, spürte aber trotzdem die eigenartige Wärme, die sie auszustrahlen schien.

»Hören Sie, ich wollte gerade zur Baustelle hinausfliegen. Hätten Sie nicht Lust, mitzukommen? Ich habe gesehen, daß Sie Chance Baileys große Show von gestern dort verpaßt haben.«

»Ja, ich hatte etwas anderes zu tun«, sagte Mandy.

»Unter gewöhnlichen Umständen würde ich sagen, daß ich enttäuscht darüber war, daß Sie nicht da waren«, sagte Luke. »Weil Sie nämlich etwas Schönheit in diese sonst so häßliche Szene getragen hätten.

Ich muß jedoch zugeben, daß ich froh war, daß Sie nicht dabeiwaren. Sie passen einfach nicht zu den anderen Aasgeiern.«

»Das sind doch nur Reporter, die ihre Arbeit machen«, sagte Mandy.

»Und Chance Bailey? Was ist der?«

»Er ist ein Kandidat, der eine gute Sache verteidigt«, sagte Mandy.

»Wenn Sie das Wort ›verteidigt‹ durch ›sucht‹ ersetzen würden, könnte ich Ihnen vielleicht sogar zustimmen, aber das spielt jetzt keine Rolle. Im Augenblick geht es nur um die Frage, ob Sie mit mir zur Baustelle fliegen wollen oder nicht.«

Mandy wollte ablehnen. Wenn sie irgendwohin mit ihm flog, unterwarf sie sich seiner Kontrolle, wie sie das auch zu dem Abendessen in seinem Haus getan hatte. Am besten wäre es wohl, wenn sie ihre Beziehung auf neutralem Boden hielt. Dann aber erinnerte sie sich selbst daran, daß sie Reporterin war. Wenn sie weiter Artikel über das Straßenbauvorhaben Poplar Bluff schreiben wollte, konnte sie sich zumindest einmal die Baustelle anschauen, und wie wäre das leichter und interessanter möglich als mit einem Hubschrauber?

»Also gut«, sagte sie. »Ich komme mit.«

»Na los dann«, sagte Luke.

Mandy folgte ihm durch das Gebäude, hinaus zu dem Hubschrauber. Der Pilot warf die Maschine schon an, während sie darauf zugingen, und während Luke Mandy hineinhalf, begannen die Rotorblätter sich zu drehen. Sie legten die Sicherheitsgurte an, und der Hubschrauber hob ab.

Mandy war vorher noch nie in einem Hubschrauber geflogen, und es war für sie eine interessante Erfahrung. Sie hoben so leicht ab, als wären sie in einem Fahrstuhl, und Augenblicke später konnte sie ganz Sikeston von seinem Kraftwerk am westlichen Stadtrand bis zu dem Autobahnkreuz am östlichen Stadtrand überblicken.

»Wissen Sie, als ich das Ding angeschafft habe, haben das manche Leute für einen unnötigen Luxus gehalten«, sagte Luke laut, um das Motorengeräusch zu übertönen. »Wahrheit ist aber, daß ich jetzt schon genug Geld damit gespart habe, daß sich die Anschaffung amortisiert hat. Meiner Meinung nach war das ein guter Kauf. Außerdem«, sagte er lächelnd, »muß ich zugeben, daß es mir einen Riesenspaß macht, so an einer Baustelle anzukommen, und ich kann prospektive Geschäftspartner damit beeindrucken.«

»Ich muß zugeben, daß das sicher eine aufregende Art ist, zum Arbeitsplatz zu kommen«, sagte Mandy.

»Da wären wir«, sagte Luke und deutete nach unten. »Die Baustelle Poplar Bluff.«

Mandy sah zwei lange, gerade braune Streifen, die sich durch das leuchtend grüne Ackerland nach Westen zogen. Die Straßen waren schon ausgehoben und planiert, aber die Decke fehlte noch.

»Es sieht so aus, als hätten Sie schon viel von der Arbeit getan«, sagte sie.

»Eine ganze Menge«, stimmte Luke ihr zu. »Ich denke gern an die Vorteile, die diese Straße bringen wird. Es ist angenehm zu wissen, daß man in einem Beruf arbeitet, mit dem man nicht nur Geld verdienen, sondern auch anderen Menschen helfen kann.«

Mandy sah Luke von der Seite an, sagte aber nichts. War das ehrlich seine Meinung, oder machte er ihr nur etwas vor?

Der Pilot bewegte den Steuerknüppel, und der Hubschrauber begann, an Höhe zu verlieren. Die Rotorblätter knallten laut, als sie in die eigene Turbulenz kamen, und wieder hatte Mandy das Gefühl, sie wäre in einem Fahrstuhl, der sich allerdings dieses Mal schnell senkte. Der Pilot drosselte direkt über dem Boden ihre Sinkgeschwindigkeit und setzte federleicht auf. Er schaltete die Zündung aus, und die Rotoren wurden allmählich langsamer.

»Kommen Sie mit«, sagte Luke. »Schauen Sie sich die Sache einmal an.«

Mandy stieg nach ihm aus dem Hubschrauber. Über sich hörte sie das Sausen der Rotoren in der Luft und zog automatisch ihren Kopf ein, als sie darunter durchging.

»Ah, Luke, da sind Sie ja«, sagte jemand. »Hier, schauen Sie sich den Steigungswinkel an. Ist das richtig?«

Der Sprecher trug einen grell-roten Bauarbeiterhelm und ein am Hals offenes, blaues Hemd. Er zeigte Luke eine Zeichnung. Luke sah sie sich einen Augenblick an und nahm dann mit einem Filzstift eine kleine Korrektur vor.

»Meinen Sie nicht, so ist es besser?« fragte Luke.

Der Mann lächelte. »Mein Gott, es tut mir leid, daß ich Sie deshalb hierhergerufen habe. Das hätte ich selbst sehen müssen. Natürlich haben Sie recht.«

»Das macht nichts. Ich wollte sowieso Miß Powers die Baustelle zeigen«, sagte er. Er holte zwei Bauarbeiterhelme und gab einen davon Mandy. »Setzen Sie den auf«, befahl er ihr.

»Luke, würden Sie bitte einen Moment herkommen?«

»Augenblick«, antwortete Luke. »Ich bin gleich wieder da«, sagte er zu Mandy.

Mandy setzte den Helm auf und ging zu einer Gruppe von Arbeitern hinüber, um ihnen zuzusehen. Sie hatte einige Minuten dort gestanden, als sie plötzlich hinter sich Luke brüllen hörte.

»Mandy, Vorsicht!«

Mandy sprang zur Seite, und fast im gleichen Augenblick kippte die Schaufel eines riesigen Frontladers über, und Tonnen von Steinen fielen auf sie zu, knallten auf den Boden und verfehlten sie nur sehr knapp. Sie wurde von einer Staubwolke eingehüllt.

»Mandy! Mandy, ist Ihnen etwas passiert?« rief Luke und kam auf sie zugerannt.

Als die Staubwolke weggeweht war, sah Mandy ein Dutzend Männer um sie herumstehen, die sie alle mit besorgten Gesichtern ansahen. Sie war von ihrem Abenteuer von Kopf bis Fuß mit Staub bedeckt.

»Mein Gott, Mr. Todaro, ich weiß wirklich nicht, was da passiert ist«, sagte der Fahrer des Frontladers. »Ich hatte die Schaufel arretiert, aber sie ist trotzdem gekippt. Irgend etwas stimmt mit der Hydraulik nicht.«

»Schaffen Sie das Ding von der Baustelle weg und bringen Sie es nicht wieder, bis es repariert ist!« sagte Luke wütend. Er rannte über den Steinhaufen und legte Mandy die Hände auf den Arm.

»Ist Ihnen etwas passiert?« fragte er.

»Nein«, sagte Mandy mit schwacher Stimme.

Luke klopfte ihr den Staub an, und erst jetzt begann sie, Angst zu bekommen. Die Knie wurden ihr weich, und sie war froh darüber, daß er sie stützte, weil sie sonst hingefallen wäre.

»So etwas passiert eben manchmal«, sagte Luke. »Gott sei Dank sind Sie nicht verletzt. Kommen Sie, gehen wir hier hinauf, weg von den Maschinen.«

»Gern«, sagte Mandy.

Luke half Mandy auf einen kleinen Hügel aus Bauschutt neben der Straße. Von dort aus konnten sie die ganze Baustelle überblicken. Einige Momente später hatte sich Mandy von dem Schrecken erholt und konnte sich die Bauarbeiten ansehen. Es waren mehr als fünfzig

Arbeiter mit Bulldozern und anderen schweren Baumaschinen beschäftigt. Mandy überlegte sich, daß das ein teures Bauvorhaben sein mußte.

»Es kostet ungefähr 35 000 Dollar am Tag«, sagte Luke.

»Was?« fragte Mandy; sie war überrascht darüber, daß er die Kosten im gleichen Augenblick angesprochen hatte, in dem sie daran dachte.

»Sie sind doch Reporterin«, sagte Luke lächelnd. »Ich konnte es Ihnen fast am Gesicht ablesen, was Sie gedacht haben. Sie haben sich die Männer und die Maschinen angesehen und dabei überlegt, was das wohl kosten könnte.«

»Ja«, sagte Mandy. »So war es tatsächlich.«

»Wie gesagt ungefähr 35 000 Dollar pro Tag.«

»Mein Gott, wie können Sie da noch Geld verdienen, wenn es Sie so viel kostet?«

»Wenn ich rechtzeitig fertig werde, aber nur dann«, sagte Luke. »Ich habe einen dreifachen Anreiz dafür, das Projekt fristgemäß fertigzustellen. Erstens: Je schneller ich fertig werde, desto geringer sind meine Kosten und desto höher mein Profit; zweitens: Ich bekomme für jeden Tag, den ich vor der gesetzten Frist fertig werde, einen Bonus und drittens: Ich muß für jeden Tag, den ich *nach* der gesetzten Frist fertig werde, eine Vertragsstrafe zahlen. Sie werden also verstehen, daß ich recht nervös geworden bin, als Ihr erster Artikel erschienen ist. Der von gestern gefällt mir schon viel besser. Es freut mich zu sehen, daß Sie eine Frau sind, die vernünftigen Argumenten zugänglich ist. Unser gemeinsames Abendessen neulich hat sich also doch als sehr produktiv erwiesen.«

»Ja«, sagte Mandy. »Mein Mittagessen von heute könnte sich als ebenso produktiv erweisen. Ich bin hinter die Sache mit der Investitionsgesellschaft Artichoke gekommen.«

Mandy beobachtete während dieser Eröffnung Lukes Augen, und ihr Ausdruck verriet ihr mehr, als er das mit Worten je gekonnt hätte. Noch vor Augenblicken war der Ausdruck in seinen Augen lebhaft und weich gewesen, aber nun war sein Blick kalt und hart wie Stein. Es waren die Augen eines Mannes, der Geheimnisse zu verbergen hat, und der sehr weit gehen würde, um sie zu wahren.

»Sie wissen doch, was ich mit der Investitionsfirma Artichoke meine, nicht wahr?« sagte sie.

»Natürlich weiß ich, was Sie meinen«, antwortete Luke.

»Ist es wahr?«

»Ist was wahr?«

»Daß Ihre Firma von dieser Gesellschaft finanziert wird?«

»Ich habe mir dort Geld geliehen, um einen Anfang machen zu können, ja«, sagte Luke.

»Sie geben es also zu?«

»Ja, ich gebe es zu«, sagte Luke knapp. »Warum denn auch nicht? Es ist schließlich kein Geheimnis, sonst wüßten Sie es ja auch nicht.«

»Sie reden so, als wären Sie stolz darauf, daß Sie ihr Geld genommen haben«, sagte Mandy.

»Ich bin nicht stolz darauf«, sagte Luke. »Ich finde aber auch nicht, daß ich mich dafür zu entschuldigen brauche.«

»Und warum brauchen Sie sich nicht zu entschuldigen?« fragte Mandy. »Macht es Ihnen denn nichts aus, daß Sie Geld verwenden, das mit Rauschgifthandel mit Kindern oder mit Prostitution verdient worden ist?«

»Artichoke ist eine völlig legale Gesellschaft, die Steuern zahlt wie jede andere.«

»Und sie wird benützt, um Geld zu waschen«, sagte Mandy.

»Dafür gibt es keine Beweise.«

»Siebzehnmal ist Anklage erhoben worden«, sagte Mandy.

»Aber kein einziges Mal hat es für eine Verurteilung gereicht«, gab Luke zurück.

»Wo soviel Rauch ist, muß auch irgendwo ein Feuer sein«, sagte Mandy.

»Das heißt doch im Grunde nichts anderes, als daß man eine Beschuldigung nur lange genug und laut genug vorzubringen braucht und damit die gleiche Wirkung erzielen kann, als wenn der Betroffene verurteilt worden ist. Ich kenne Ihre Sorte, Miß Powers, ich kenne sie schon mein ganzes Leben. Ich bin nach Sikeston gekommen, weil ich dachte, daß ich in einer so kleinen Stadt den Verleumdern entgehen könnte, die meine Schuld mit ihren Vorurteilen beweisen. Ich sehe jetzt ein, daß ich mich getäuscht habe.«

Er setzte seinen Helm ab und forderte ihn mit einer Handbewegung auch von Mandy zurück.

»Kommen Sie«, sagte er. »Ich bringe Sie in die Stadt zurück. Sie werden diese neue Beschuldigung doch sicher gleich zu einem Artikel verarbeiten wollen, nicht?«

»Nein«, sagte Mandy. »Nicht unbedingt.« Sie sah Luke mit einem flehentlichen Gesichtsausdruck an. »Luke, ich möchte in der Sache wirklich fair sein, das können Sie mir glauben. Ich möchte auch über Ihre Seite schreiben, aber das machen Sie mir nicht gerade leicht, oder? Ich frage Sie nach der Tatsache, daß Sie Präsident der Hoch- und Tiefbaufirma Delta sind, und Sie wollen nicht darüber sprechen. Ich bitte Sie um Ihre Darstellung der Verbindung zu der Investitionsgesellschaft Artichoke, und auch darüber wollen Sie nicht sprechen.«

»Warum sollte ich denn darüber sprechen?« fragte Luke.

»Um sich gegen einen Angriff zu wehren.«

»Von Ihnen?«

»Nein, nicht von mir«, sagte Mandy. Sie fuhr sich mit einer Hand durch das Haar und seufzte. »Ja«, sagte sie. »Von mir. Aber nicht von Mandy Powers als Person. Der Angriff kommt von Mandy Powers als Reporterin.«

»Die Person und die Reporterin sind das gleiche.«

»Nein, Luke, das stimmt nicht«, sagte Mandy. »Ich – ich kann es Ihnen nicht richtig erklären. Der persönliche Teil von mir will unbedingt, daß Sie sich verteidigen, Ihre Unschuld beweisen oder Ihr Handeln zumindest rechtfertigen. Der professionelle Teil von mir aber sieht nur meine Verpflichtung, die Öffentlichkeit von allen Gesetzesübertretungen zu informieren. Es gibt also eigentlich zwei Mandy Powers, wie Sie sehen.«

»Gestern abend habe ich Ihnen gesagt, daß jeder eine Maske trägt. Wahrscheinlich war mir nicht klar, daß Sie zwei Masken tragen. Ich werde sie wohl erkennen lernen müssen, damit ich weiß, wann ich es mit der Person Mandy Powers oder mit der Reporterin Mandy Powers zu tun habe.«

»Ist es denn so ungewöhnlich, wenn jemand seinen persönlichen und seinen beruflichen Bereich getrennt hält?« fragte Mandy.

»Ich weiß es nicht. Ich weiß nur, daß es mich nur einmal gibt«, antwortete Luke. »So ist es einfacher. Ich bin der einzige, der für meine Handlungen verantwortlich ist. Ich bin für mich selbst verantwortlich, und ich halte es nicht für notwendig, meine Handlungen vor anderen Leuten zu rechtfertigen. Ich habe nicht die Absicht, mich zu verteidigen, weder vor Ihnen, noch vor der anderen Maske, die Sie tragen.«

»Luke, sehen Sie denn nicht, daß ich mir alle Mühe gebe, Ihnen jede nur mögliche Chance zu geben?«

»Eine Chance gibt man jemand in einem Spiel«, sagte Luke. »Ich möchte Ihr Spiel aber nicht mitspielen. Kommen Sie, fliegen wir in die Stadt zurück. Ich nehme Sie beide mit.«

»Beide?«

»Die Person Mandy Powers und die Reporterin Mandy Powers«, sagte Luke.

Luke ging mit entschlossenen Schritten zum Hubschrauber zurück, und Mandy sah ihm einen Moment nach, bevor sie hinter ihm herging. Aus irgendeinem Grund fühlte sie sich schrecklich deprimiert. Sie verspürte den starken Impuls, ihm nachzurennen und ihn zu bitten, ihr zu verzeihen und noch eine Chance zu geben. Im stillen schimpfte sie sich für dieses Gefühl. Es war ganz und gar unprofessionell.

7

Schlagzeile im Examiner:

BAUFIRMA TODARO MIT MAFIA-GELD GEGRÜNDET

von Mandy Powers

Letzte Woche wurde in einem Exklusivbericht im Examiner *die Tatsache enthüllt, daß Luciano Todaro, der Präsident der Baufirma Todaro, die Ausschreibung für den Poplar-Bluff-Bauauftrag möglicherweise mit betrügerischen Machenschaften gewonnen hat. Unser Mitarbeiter, Mike Swain, führte in den Archiven von Jefferson City eine sehr genaue Untersuchung durch. Mr. Swain unterrichtete die Autorin dieses Artikels davon, daß Luciano ›Luke‹ Todaro Besitzer der einzigen beiden Firmen ist, die an der Ausschreibung teilneh-*

men konnten. Es war ihm daher eine Leichtigkeit, die Angebote so einzurichten, daß er den Zuschlag zu dem von ihm gewünschten Preis bekam.

Inzwischen konnten wir in Erfahrung bringen, daß Luciano Todaro, der Enkel des früheren New Yorker Paten Giuseppe Todaro, noch immer mit den Überresten des großväterlichen, kriminellen Imperiums geschäftlich in Verbindung steht. Dieses Imperium, das Giuseppe Todaro mit Hilfe der Mafia aufgebaut hat, existiert noch immer und wird heute angeblich von Luciano Todaros Onkel, Marcello Todaro, geleitet. Luciano Todaros Baufirma wurde mit Mitteln gegründet, die die Investitionsgesellschaft Artichoke zur Verfügung gestellt hatte. Sie gehört angeblich einem New Yorker Anwalt namens Lee Phillips. Dieser Lee Phillips ist nun rein zufällig Marcello Todaros Anwalt, und nach Angaben aus gut informierten Kreisen ist er der wirkliche Eigentümer dieser Gesellschaft, die dem Vernehmen nach ihre Außenstände mit Gewalt eintreiben läßt und als Tarnfirma für die ›Wäsche‹ von Mafia-Geld benutzt wird.

Auf die Frage, ob die Investitionsgesellschaft Artichoke tatsächlich das Startkapital für die Gründung der Baufirma Todaro gestellt hat, antwortete Mr. Luciano Todaro persönlich mit Ja.

Zu diesem Thema hat der Senatskandidat, Chance Bailey, kürzlich bei der fraglichen Baustelle eine Pressekonferenz abgehalten. Er gab dabei die Gründung einer Bürgerinitiative zur Untersuchung der Vorgänge in Zusammenhang mit der Ausschreibung des Poplar-Bluff-Straßenbauprojekts bekannt.

Mr. Bailey hat heute morgen eine zusätzliche Verlautbarung für die Presse mit folgendem Wortlaut herausgegeben: »Es ist inzwischen ganz deutlich geworden, daß die Mafia, die man bisher allgemein ausschließlich als Großstadtproblem betrachtet hat, sich aller Wahrscheinlichkeit nach auch in unser Leben hineindrängt. Es kann inzwischen kaum noch ein Zweifel daran bestehen, daß die Mafia einen staatlichen Bauauftrag mit betrügerischen Mitteln an sich gerissen hat. Sie könnte sich damit eine starke Basis in Missouri, und besonders in seinem südöstlichen Teil, schaffen. Darauf könnte schnell Bestechung und Korruption in kaum zu übersehendem Ausmaß folgen, wenn nicht sofort etwas dagegen unternommen wird. Als neuer Senator des Staats verpflichte ich mich feierlich, gegen Korruption und Kriminalität anzukämpfen, wo immer ich sie antreffen werde. Die Lage ist jedoch jetzt schon kritisch, und bis zur Wahl können wir nicht warten. Ich beschwöre Senator Donlevy, sich sofort von Mr. Todaro loszusagen und selbst eine Untersuchung dieser schweren Vorwürfe einzuleiten. Ich hoffe zuversichtlich, daß seine lange und bekannte Freundschaft mit Luciano Todaro ihn nicht daran hindern wird, diese seine Pflicht der Öffentlichkeit gegenüber zu erfüllen. Ich für mein Teil werde mich ihr jedenfalls nicht entziehen.«

Auch Senator Donlevy hat im Zusammenhang der gegen Luciano Todaro vorgebrachten Beschuldigungen eine Erklärung abgegeben.

»Ich kenne Mr. Todaro seit fast fünf Jahren. In all dieser Zeit habe ich ihn ausschließlich als vorbildlichen und ehrlichen Bürger erlebt. Ich hoffe, daß die Tatsachen genau geprüft werden, bevor vorschnelle Schritte ergriffen werden.«

»Toll, der Artikel, Mandy. Ganz toll!« sagte Jack. Er lachte. »Haben Sie schon jemals irgendeine Ratte schneller das sinkende Schiff verlassen sehen als jetzt Donlevy? Das ist wirklich voll und ganz ein Politiker. Merken Sie, wie geschickt er sich von Todaro distanziert? Es würde mich nicht im geringsten überraschen, wenn er Chance beim Wort nehmen und tatsächlich auch eine Untersuchungskommission bilden würde.«

»Was? Aber das würde er doch sicher nicht tun«, sagte Mandy. »Luke Todaro war schließlich eine seiner stärksten Stützen.«

»Ja, aber Sie wissen ja, was man in diesen Kreisen sagt: ›Was hast du seit gestern für mich getan?‹« antwortete Jack. »Sie brauchen aber keine Angst zu haben. Donlevy wird nie selbst eine Untersuchungskommission ins Leben rufen. Allerdings nicht aus Loyalität Todaro gegenüber, sondern weil er damit Chance Bailey direkt in die Hand spielen würde. Er würde nach Baileys Pfeife tanzen.«

»Ja, Sie haben wohl recht«, sagte Mandy.

»Ach, ich habe übrigens eine gute Nachricht für Sie. Die *World Newspaper Alliance* hat Sie zur Reporterin der Woche ernannt, und, was noch wichtiger ist, eine Zusammenstellung all Ihrer Artikel angefordert. Das sieht mir ganz nach einem Preis aus.«

»Oh«, sagte Mandy leise. »Das ist schön.«

»Was ist denn? Allzu entzückt klingen Sie ja nicht gerade«, sagte Jack.

»Doch, doch, wirklich«, sagte Mandy. »Und wenn sich tatsächlich so etwas ergeben sollte, verdanke ich das Ihnen.«

»Nein, das tun Sie nicht«, sagte Jack. »Sie haben die Initiative ergriffen, und Sie haben die ganze Arbeit gehabt. Das waren Sie ganz allein.«

»Das war ich ganz allein«, wiederholte Mandy leise.

»Mandy, stimmt etwas nicht?«

»Nein, alles ist bester Ordnung«, sagte Mandy. »Hören Sie, Jack, könnte ich mir vielleicht für den Rest des Tages freinehmen? Mir steht wirklich nicht der Kopf danach, heute nachmittag zu arbeiten.«

»Aber sicher, gehen Sie nur«, sagte Jack. »Es ist sowieso schon drei Uhr.«

»Vielen Dank«, sagte Mandy. »Also bis morgen.«

Sie schob ihre Karte in die Stechuhr und ging zu ihrem Auto hinaus. Vor der Redaktion stand eine Plakatwand, auf der normalerweise die Telefonnummer der Annoncenannahme angeschlagen war. Sie sah noch den Arbeiter, der seine Leiter wegbrachte und bemerkte erst dann, daß die Plakatwand etwas anderes meldete.

GLÜCKWUNSCH FÜR UNSERE MANDY POWERS, DIE REPORTERIN DER WOCHE!

Mandy fühlte sich beim Anblick des Plakats stolz, zugleich aber seltsam deprimiert.

»Warum bin ich nur so niedergeschlagen?« fragte sie laut, während sie in ihr Auto einstieg. »Eigentlich müßte ich doch glücklich und zufrieden sein und nicht niedergeschlagen.«

Mandy fuhr aus dem Firmenparkplatz hinaus, und dann wählte sie halb unbewußt die Straße nach Süden, die zu der Baufirma Todaro führte.

Sie stellte ihr Auto auf dem Besucherparkplatz ab und ging hinein.

»Was wollen Sie denn?« fragte die Empfangssekretärin, die dieses Mal keinerlei Anstrengung unternahm, zu lächeln oder freundlich zu sein.

Ihre unverhohlen feindselige Haltung überraschte Mandy, und einen Moment fehlten ihr die Worte.

»Ich möchte Mr. Todaro sprechen«, sagte sie nach kurzem Zögern.

»Er ist nicht da.«

»Ach so. Ist er auf der Baustelle?«

»Welcher Baustelle?« fragte die Sekretärin. Ihr Gesichtsausdruck war noch immer so unfreundlich wie bei Mandys Ankunft.

»Die Baustelle Poplar Bluff«, sagte Mandy. »Haben Sie denn noch mehr?«

Die Sekretärin schüttelte den Kopf.

»Nein«, sagte sie. »Wir haben nicht mehr Baustellen. Wir haben sogar die nicht mehr. Die Bauarbeiten am Poplar-Bluff-Projekt sind eingestellt worden, und das haben wir Ihnen zu verdanken.«

»Was? Wovon reden Sie überhaupt?«

»Das Gericht hat eine einstweilige Verfügung erlassen, die Bauarbeiten einzustellen, bis die Untersuchung abgeschlossen ist. Das bedeutet, daß ungefähr einhundertfünfzig Menschen ihren Arbeitsplatz verloren haben.«

»Sind Sie sicher? Von einer einstweiligen Verfügung wissen wir nichts.«

»Dann haben Sie bei den Behörden eben doch nicht so viele geschmierte Informanten, wie Sie glaubten«, sagte die Sekretärin kalt.

»Ich fürchte, Sie liegen da völlig schief«, sagte Mandy.

»So? Mag sein. Ich hoffe nur, Sie sind auf Ihr Werk auch stolz.«

»Ich wollte niemandem die Arbeitsstelle nehmen oder so etwas. Ich habe nur meine Arbeit getan, nicht mehr.«

»Sie haben sich in Dinge eingemischt, die Sie nichts angehen, nicht mehr«, sagte die Sekretärin.

»Jetzt hören Sie aber mal zu«, sagte Mandy, der nun endlich der Geduldsfaden riß. »Ich bringe hier keine Entschuldigungen für mein Verhalten vor. Ich habe einen Artikel geschrieben, und dazu noch einen verdammt guten. Wenn Mr. Todaro nicht wollte, daß seine Aktivitäten ans Licht kommen, hätte er eben bei allen ehrlich sein sollen. Wenn die Bauarbeiten eingestellt worden sind, so bin daran nicht ich schuld, sondern die Betrugsmanöver der Firma. Wenn ein Haus abbrennt, gibt auch niemand dem Feuermelder die Schuld dafür, oder?«

»Nein, Miß Powers«, sagte die Sekretärin verbittert. »Aber dem Brandstifter.«

»Na schön, wie Sie wollen. Würden Sie wenigstens Mr. Todaro ausrichten, daß ich hier war, um ihn zu sprechen?«

»Das wird ihn sicher unwahrscheinlich freuen«, sagte die Sekretärin sarkastisch.

Mandy stand kurz vor den Tränen, aber diese Genugtuung wollte sie der unfreundlichen Sekretärin nicht geben, und so unterdrückte sie den Impuls.

Sie fuhr noch eine Weile in der Stadt umher, bis sie sich wieder vor dem Redaktionsgebäude fand. Es war inzwischen fast fünf, und der größte Teil der anderen ging bereits nach Hause. Als sie die Redaktion betrat, war alles leer.

Mandy setzte sich an ihren Schreibtisch und stützte ihren Kopf auf beide Hände. Die Tränen, die sie vorher unterdrückt hatte, stiegen wieder in ihr hoch, und sie wollte ihnen gerade freien Lauf lassen, als Jack hereinkam.

»Na so was, das ist aber eine Überraschung«, sagte er. »Ich dachte, Sie hätten sich freigenommen.«

»Ich – ich wußte nicht, wohin ich gehen sollte«, sagte Mandy, und beim letzten Wort brach ihre Stimme. Sie zog ein Kleenex aus der Schachtel auf ihrem Schreibtisch und wischte sich damit die Augen.

»Na, na, was haben wir denn hier?« fragte Jack. Er kam zu ihr und setzte sich neben sie. »Wenn Sie hier hereinkämen und laute Jubelschreie ausstoßen würden, könnte ich das ja verstehen, aber Tränen? Außerdem dachte ich, daß blonde Leute mehr Spaß am Leben haben.«

»Tut mir leid, Jack. Tränen gibt es wohl nur bei ganz dummen, unerfahrenen Reportern, was?«

»Hören Sie zu, ich habe schon Dickie Chapelle die

Tränen abgewischt, und da kann ich sie wohl Mandy Powers auch abwischen.«

»Sie haben Dickie Chapelle gekannt?« fragte Mandy. Sie war von der Bemerkung so beeindruckt, daß sie zumindest für den Augenblick ihre Tränen vergessen hatte.

»Ja, ich habe sie gekannt«, sagte Jack. »Sie war eine der besten Reporterinnen, die ich je gesehen habe.«

»Auf dem College haben wir manche ihrer Artikel analysiert«, sagte Mandy. »Ihre Berichte aus Okinawa während des Zweiten Weltkriegs und dann später aus Korea, waren hervorragend.«

»Sie war nicht nur als Autorin gut, wissen Sie. Sie war auch eine ausgezeichnete Fotografin«, sagte Jack. »Sie konnte mit der Kamera umgehen wie Bob Capa, und mit der Schreibmaschine wie Ernie Pyle.«

»Und sie hat wie beide den Tod auf dem Schlachtfeld gefunden«, sagte Mandy.

»Ja«, sagte Jack leise. »Als sie von dieser Vietkong-Mine getötet worden ist, sind von den Reportern auf der ganzen Welt mehr als nur ein paar Tränen vergossen worden, das kann ich Ihnen sagen, und meine Augen sind auch nicht trocken geblieben. Wenn Sie also etwas bedrückt, dann kann ich Ihnen nur sagen, daß ich ein guter Zuhörer bin, worum es auch gehen mag. Noch besser kann ich das aber mit einem Drink in der Hand. Wollen Sie sich nicht mit mir zusammen ein Glas genehmigen?«

Mandy sah auf die Wanduhr. Es war gerade kurz nach fünf. Um halb sechs war sie mit Chance verabredet, und sie wußte, wenn sie erst einmal anfing, Jack ihr Herz auszuschütten, würde sie ihre Verabredung nie pünktlich einhalten können.

»Nein, ich sollte wahrscheinlich besser . . .« fing Mandy

an, stockte aber dann wieder. Warum nicht? Sie sollte Chance bei einer dieser langweiligen politischen Veranstaltungen treffen, und wenn sie nicht kam, würde er das wahrscheinlich nicht einmal merken. »Also gut«, sagte sie. »Ich komme mit.« Sie sah Jack lächelnd an und drohte ihm mit einem Finger. »Sie wollen mich doch wohl nicht betrunken machen, oder?«

Jack lachte. »Und was soll ich mit Ihnen anfangen, wenn Sie betrunken sind?« fragte er. »Das ist ja ein Riesenkompliment, wenn Sie auch nur andeuten, daß ein ausgebranntes altes Wrack wie ich noch aufdringlich werden könnte. Sie können mir vertrauen, Kleines. Bei mir sind Sie so sicher wie bei Ihrer eigenen Mutter.«

Eine Viertelstunde später saßen Jack und Mandy an einem Ecktisch im Tree House, in einer Lounge, von der aus sie den überdachten Swimming-pool des Holiday Inn überblicken konnten. Es war wenig Betrieb in der Bar, und Jack schälte Erdnüsse, während sie sich unterhielten und Mandy mit der Kondensation an ihrem Glas nasse olympische Ringe auf den Tisch drückte.

Jack war schon mitten in einer Geschichte.

»Und dieser Neuling wollte beim Redakteur Eindruck schinden. Er hat deshalb seinen Artikel durchtelefoniert, und der lautete ungefähr so: ›Heute hat Gott von den Bergen aus zugesehen, wie die kleine chilenische Stadt Kintato von einem Erdbeben zerstört worden ist.‹ Der Redakteur schickte sofort ein Telegramm zurück: ›Erdbeben uninteressant, machen Sie Interview mit Gott.‹«

Jack lachte dröhnend über seine eigene Geschichte, und obwohl Mandy sie schon von einem Professor am College zum erstenmal gehört hatte, lachte sie mit.

»Was ist los mit Ihnen, Mandy? Irgend etwas stimmt mit Ihnen doch nicht«, sagte Jack und nahm einen Schluck.

»Wie kommen Sie darauf?«

»Ich bin ein geschulter Reporter und kenne die kleinen Anzeichen, auf die man achten muß«, sagte Jack. »Die Tränen, als Sie eigentlich hätten jubeln sollen, waren das erste Anzeichen. Daß Sie über eine Geschichte lachen, die Sie wahrscheinlich schon ein dutzendmal gehört haben, war das nächste. Fühlen Sie sich Ihrem Thema zu nahe? Ist das der Grund?«

»Meinem Thema?«

»Luke Todaro. Sind Sie in ihn verliebt?«

Mandy versuchte zu lachen, aber es klang sehr gezwungen. »Wie kann ich in ihn verliebt sein? Ich kenne ihn ja erst seit einer Woche.«

»Das heißt doch gar nichts«, sagte Jack. Er hielt sein Glas hoch und wedelte es in der Luft, um die Aufmerksamkeit des Barmixers zu erregen.

»Noch einen Martini, bitte«, sagte Jack. »Sehr trocken, gerührt, nicht geschüttelt, und sehen Sie bitte zu, daß der Gin nicht geprellt wird.«

»Was ist denn geprellter Gin?«

»Ich habe nicht die leiseste Ahnung«, sagte Jack. »Ich habe das irgendwo einmal gehört, und seitdem sage ich es immer. Die Barmixer glauben dann, ich wüßte über alle Tricks ihres Berufs genau Bescheid und geben sich mit meinem Drink mehr Mühe.«

Mandy lachte. »Sie sind schon ein komischer Kauz, Jack.«

Der Barmixer brachte ihm seinen Drink.

»Ich will Ihnen noch eine Geschichte erzählen«, sagte Jack. »Die ist allerdings nicht lustig, aber manchmal verbirgt sich ja auch hinter einer Tragödie eine gewisse Ironie.« Jack saugte die Olive von dem Zahnstocher, und dann benutzte er ihn als kleinen Zeigestock, mit dem er auf Mandy deutete.

»Ich weiß, daß Sie sich schon oft gefragt haben, warum...«

»Warum was?«

»Warum ich damit zufrieden bin, der Chefredakteur einer Kleinstadtzeitung zu sein? Warum ich nicht irgendwo im Mittleren Osten oder in Lateinamerika bin, wo interessante Dinge passieren?«

»Stimmt tatsächlich«, gab Mandy zu. »Das habe ich mich schon gefragt.«

»Das haben sich schon viele Leute gefragt«, sagte Jack. »Unter anderem auch ganz hohe Tiere bei der *Newspaper Association*. Manche denken bestimmt, die Kämpfe in Vietnam wären für mich so ein Schock gewesen, daß ich jetzt Angst davor habe, so etwas noch einmal zu erleben. In gewisser Beziehung stimmt das sogar. Sie sind doch nicht zu jung, um zu wissen, wann Kennedy ermordet worden ist, oder?«

»Doch«, sagte Mandy. »Ich war damals noch keine drei Jahre alt. Trotzdem meine ich manchmal, ich könnte mich daran erinnern, aber das täuscht wahrscheinlich, weil das Attentat so ein nationales Trauma ist.«

»Im gleichen Monat wie das Kennedy-Attentat – genau zwanzig Tage davor – ist auch Diem ermordet worden. Ich war zu der Zeit in Saigon.«

»Ich weiß. Sie sind für Ihren Bericht darüber für den Pulitzer-Preis nominiert worden.«

»Ganz richtig«, sagte Jack und nahm noch einen Schluck. »Die Sache ist nur so, daß damals in Saigon so viele Leute einen Umsturz geplant haben, wie es hier Präsidentschaftskandidaten gibt. Ich habe zwar über einen Coup berichtet, aber der war ungefähr drei Monate vor dem erfolgreichen Umsturzversuch von General Minh. Es ist der Diem-Regierung mit Hilfe meiner Artikel sogar gelungen, etwas länger an der Macht zu bleiben. Ich habe nämlich einen Coup aufgedeckt, verstehen Sie, und Diems Bruder, Nhu, hat seine Anführer von der Geheimpolizei verhaften lassen. Ich habe von Diem das Kreuz der Ehrenlegion erhalten.«

»Das klingt ja beeindruckend.«

»Ja«, sagte Jack. »Die Sache hatte nur einen Haken. Da war ein Mädchen, eine schöne Vietnamesin namens San Ngyuet Ling. Ling war meine Informationsquelle, obwohl sie das nicht wußte. Sie liebte mich und dachte, sie könnte mir vertrauen, verstehen Sie? Ich liebte sie auch, aber ich war ein Reporter. O ja, ein begeistertes, eingeschriebenes Mitglied der vierten Gewalt. In jenen Tagen habe ich mich selbst als zwei verschiedene Menschen betrachtet; der eine war nur der gute alte Jack Roberts, und der andere der Sensationsreporter mit seinem Berufsethos.«

Mandy gab ein kleines Geräusch von sich, als wollte sie nach Luft schnappen.

»Geht es Ihnen genauso, oder?« sagte Jack, ohne seine Erzählung weiter zu unterbrechen. »Das scheint bei eifrigen Reportern eine häufige Krankheit zu sein. Na ja, ich habe auf jeden Fall Lings Informationen zu meinem Artikel verarbeitet und dafür viel Lob geerntet, unter anderem auch eine Nominierung für den Pulitzer-Preis.« Jack machte eine kurze Pause und nahm noch einen Schluck Martini. »Und als sich der ganze Rauch wieder verzogen hatte und der Umsturzversuch gescheitert war, dachte ich, ich könnte das bei Ling wieder ausbügeln und sie davon überzeugen, daß nicht ich ihr Vertrauen verraten hatte, sondern ein anderer Mann, eine Art von Mr. Hyde, der als Reporter meinen Körper bewohnte.«

»Und das verstand sie nicht, oder?«

»Dazu hat sie nie die Gelegenheit bekommen«, sagte Jack. »Das ist jetzt die Ironie, von der ich vorher gesprochen habe. Als Nhus Geheimpolizei in den Dörfern und Städten eine Säuberungsaktion durchführte, um alle zu erwischen, die an dem Coup beteiligt waren, stellte sich heraus, daß auch Ling darin verwickelt war. Sie wurde sofort erschossen. Sie war schon sechs Stunden lang tot, als ich überhaupt erst erfuhr, daß sie in Gefahr war.«

»O Jack«, sagte Mandy und nahm seine Hand. »O Jack, das tut mir so leid.«

»Na ja, es ist jetzt mehr als zwanzig Jahre her«, sagte Jack. »Ich war dann später noch zweimal in Vietnam und habe über den Krieg berichtet, aber das Feuer dieser frühen Jahre war weg. Natürlich sollte sich niemand von so einer Geschichte zwanzig Jahre lang bedrücken lassen, und manchmal denke ich wochenlang nicht daran, aber in meinem Unterbewußtsein ist es immer da.«

Mandy lehnte sich über den Tisch und küßte Jack auf die Wange.

»Ich danke Ihnen«, sagte sie.

»Wofür?«

»Dafür, daß Sie das mit mir geteilt haben.«

»Das habe ich ebenso für mich wie für Sie getan. Manchmal muß ich einfach ein wenig in mein Bier weinen, und dabei ist es eine große Hilfe, wenn man bei einer schönen jungen Frau in sein Bier weinen kann.«

»Na, na, jetzt aber langsam, Jack. Ich dachte, Sie wären zu alt, um so etwas zu bemerken.«

»Um Gottes willen, nein, Kleines. Man ist nie zu alt oder zu ausgebrannt, um das zu bemerken. Man wird nur zu alt, um dann auch etwas zu unternehmen, und in dieser Lage befinde ich mich leider. Was ist aber mit Ihnen?«

»Wieso mit mir? Was soll mit mir sein?«

»Sind Sie in Luke Todaro verliebt?«

»Ich weiß es nicht«, sagte Mandy. »Ich muß zugeben,

daß er auf mich eine bestimmte düstere Anziehungskraft ausübt. Meine Angst vor ihm ist aber fast genausogroß wie diese Anziehungskraft, Jack.«

»Das könnte sogar seine größte Attraktion für Sie sein«, sagte Jack.

»Wie meinen Sie das?«

»Es ist eine allseits bekannte Tatsache, daß es so etwas wie ein ›Motte-zum-Licht-Syndrom‹ gibt. Vielleicht haben Sie das. Ich will auf jeden Fall nicht abstreiten, daß Sie allen Grund für Angst haben. Wir wissen bereits, daß die Sache mit dem LKW, der beinahe Ihr Auto erwischt hätte, kein Unfall war, weil jemand angerufen und die Verantwortung dafür übernommen hat.«

»Das ist wie mit der PLO im Mittleren Osten«, sagte Mandy. »Jedesmal, wenn es irgendeinen terroristischen Anschlag gibt, ruft jemand von ihr an und übernimmt die Verantwortung dafür. Für den Kurzschluß oder die Schaufel mit den Steinen, die plötzlich umgekippt ist, hat niemand die Verantwortung übernommen.«

»Sie sind aber trotzdem nicht restlos davon überzeugt, daß es tatsächlich Unfälle waren, oder?« fragte Jack.

»Nicht ganz.«

»Vielleicht waren sie es ja auch nicht«, gab Jack zu. »Damit ist aber meine Frage noch nicht beantwortet. Sind Sie verliebt in Luke Todaro?«

»Er hat bei mir nie etwas von Liebe gesagt«, antwortete Mandy.

»Wir reden jetzt nicht von ihm, sondern von Ihnen.«

Mandy seufzte und erhob sich dann von ihrem Platz. »Ich wollte, ich wüßte es, Jack. Ich wollte wirklich, ich wüßte es.« Sie nahm ihre Handtasche auf.

»Was? Sie verlassen mich schon?«

»Ich fahre zu Luke«, sagte Mandy. »Wahrscheinlich ist das die einzige Methode, es herauszubekommen.«

Jack hob sein Glas. »Dann kann ich Ihnen nur viel Glück wünschen, Kleines, und hüten Sie sich vor dem Licht. Ich möchte schließlich nicht, daß Sie verbrennen.«

8

Lukes Haus stand am Ende einer langen, schmalen Straße, die unter großen Eichen und Weiden durchführte. Seine offizielle Adresse war North Ridge Road, aber in Wirklichkeit stand sein Haus am Ende einer langen Privatstraße, die zur North Ridge Road führte.

Mandy fuhr durch das Tor am Ende der Privatstraße und dann weiter unter den hohen Bäumen, bis sie endlich das Haus vor sich sah. Es zeichnete sich düster und massiv gegen den dunklen Nachthimmel ab. In dem gesamten Haus war nur ein einziges Licht zu sehen, ein goldenes Viereck, das aus einem Erkerfenster im ersten Stock leuchtete.

Mandy hielt vor dem Haus an und stieg aus. Obwohl sie nicht weiter als drei Meilen vom Stadtzentrum entfernt war, hatte man wegen der hohen Bäume und der isolierten Lage der North Ridge Road selbst den Eindruck, als sei weit und breit keine andere menschliche Ansiedlung. Die North Ridge Road hatte keine Straßenlampen, und gerade zog eine Wolke vor dem Mond vorbei, so daß die Nacht außergewöhnlich dunkel war. Während sie zur Haustür ging, hörte sie das Quaken der Frösche und das Zirpen der Insekten, das die Nacht erfüllte. Eine sanfte Brise ließ das Laub der Bäume in der Nähe rascheln, und Mandy zitterte leicht; aber nicht, weil ihr kalt war, sondern weil sie eine seltsame Vorahnung spürte.

Mandy drückte auf den Klingelknopf und hörte die Türglocke durch das Haus hallen.

»Ja, wer ist da?« fragte eine metallische Stimme, und Mandy zuckte wegen des unerwarteten Geräuschs zusammen. Dann aber wurde ihr klar, daß das nicht mehr war als eine Gegensprechanlage, und sie lächelte über ihre eigene Ängstlichkeit.

»Luke? Ich bin's, Mandy«, sagte sie.

»Ach richtig, die Frau mit der vergifteten Feder«, sagte Lukes Stimme. »Mit Ihrem Artikel von gestern haben Sie es mir ja richtig gegeben.«

»Das tut mir leid«, sagte Mandy. »Ich bin hergekommen, um mit Ihnen darüber zu reden.«

»Ich bin an Unterhaltungen mit Ihnen nicht mehr interessiert«, sagte Luke.

»Wie Sie wollen«, sagte Mandy. »Ich sehe jetzt ein, daß das wohl nicht eine von meinen besseren Ideen war. Vergessen Sie einfach, daß ich hier war.«

»Das habe ich auch vor, werte Dame, das habe ich auch vor«, sagte Luke.

Mandy drehte sich um und wollte zu ihrem Auto zurückgehen, sah aber jemand in seiner Nähe zwischen den Bäumen stehen, oder zumindest glaubte sie das. Sie blieb stehen, und es lief ihr plötzlich kalt den Rücken herunter. Sie hatte das Gefühl, ihr Magen wollte sich bis zu ihrem Hals hochdrücken.

»Wer ist da?« rief sie. »Wer ist das denn?«

Der Schatten bewegte sich. Oder vielleicht doch nicht? Es war so dunkel, daß sie es nicht sicher sagen konnte. Sie ging vorsichtig noch einige Schritte weiter und starrte angestrengt in die Dunkelheit zwischen den Bäumen. Wieder bewegte sich etwas, und dann sah sie, daß es ein Ast war, der sich in dem leichten Wind bewegte. Es war nichts als die Bäume und die Nacht, die ihr Angst gemacht hatten.

Mandy ging mit schnelleren Schritten zu ihrem Auto

zurück, und als sie es erreicht hatte, packte sie den Türgriff und zerrte daran.

Die Tür war verschlossen.

Das war eigenartig, denn sie erinnerte sich nicht daran, beim Aussteigen die Tür verschlossen zu haben. Glücklicherweise hatte sie die Autoschlüssel mitgenommen, und sie begann in ihrer Handtasche herumzukramen und danach zu suchen.

Hinter ihr raschelte es deutlich, und ein Zweig zerbrach, als habe jemand oder etwas Schweres daraufgetreten.

»Was soll das?« fragte Mandy laut. »Wer ist da? Wer schleicht hier herum?«

Das nächste Haus war fast eine Viertelmeile weit entfernt in der North Ridge Road. Die Leute, die dort wohnten, hielten einen Hund, der nun zu bellen begann.

Wieder raschelte es, und ein Ästchen zerbrach, als würde jemand unter den Bäumen gehen. Sie konnte allerdings nicht unterscheiden, ob die geheimnisvolle Person auf sie zukam oder von ihr wegging.

»Ich finde das gar nicht komisch«, sagte sie.

Plötzlich flatterte etwas, und ein dunkler Schatten flog auf sie zu. Mandy erschrak davon so sehr, daß sie einen kurzen Schrei ausstieß und die Hände hochriß, um sich zu schützen. Dabei flogen ihr die Schlüssel aus der Hand.

Es war eine Eule, die hochflog, auf einem Ast landete und sie mit riesigen orangefarbenen Augen anstarrte. Sie stieß wegen dieser Frau, die sie in ihrer nächtlichen Ruhe störte, einen ungeduldigen Schrei aus.

»Oh«, sagte Mandy und packte sich mit einer Hand am Hals. »Du hast mir ja einen Höllenschreck eingejagt!«

Dann kicherte sie in nervöser Erleichterung.

»Meine Schlüssel!« sagte sie plötzlich laut. In diesem

Augenblick war ihr wieder eingefallen, daß sie ihr aus der Hand geflogen waren, als die Eule sie erschreckt hatte.

Mandy ließ sich auf Hände und Knie nieder und begann, die Umgebung nach ihnen abzusuchen. Es war so dunkel, daß sie praktisch nichts sehen konnte und deshalb gezwungen war, das Gras abzutasten.

»Was machen Sie hier?«

Der Frager hatte Mandy zugleich eine Hand auf die Schulter gelegt, und Mandy schrie auf.

Luke riß erstaunt seine Hand zurück.

»Was ist denn los mit Ihnen?« fragte er. »Warum schreien Sie denn so? Und warum kriechen Sie hier auf dem Boden herum?«

»Ach, Sie sind's, Luke«, sagte Mandy. »Was machen Sie denn hier draußen?«

»Natürlich bin ich es. Wer denn sonst? Das ist schließlich mein Haus. Ich habe Sie vor einem Augenblick schreien gehört und bin herausgekommen, um nachzusehen, was los ist. Sie haben doch geschrien, oder?«

»So richtig geschrien eigentlich nicht«, sagte Mandy. »Das war mehr ein Ausruf.«

»Na gut, dann eben ein Ausruf. Und warum?«

»Ich habe dort jemanden gesehen.«

»Sie haben dort jemanden gesehen?« fragte Luke. »Wo denn?«

»Dort drüben, zwischen den Bäumen, oder zumindest habe ich das geglaubt. Ich habe aber auch jemanden gehört.«

Erst jetzt bemerkte Mandy, daß Luke eine Taschenlampe dabeihatte. Er schaltete sie an und leuchtete mit dem kräftigen Strahl unter die Bäume. Sie sah zu der Stelle, die beleuchtet wurde. Es war eine Studie in Schwarz und Weiß. Sie konnte in dem grellen weißen Licht keine Farben erkennen, und als er den Strahl hin und her wandern ließ, sah sie, daß da nichts war als Bäume, Büsche und Äste.

»Ich sehe niemanden«, sagte Luke.

»Ich habe mir das sicher nur eingebildet«, sagte Mandy.

»Das glaube ich gern«, gab Luke zurück. »An Einbildungskraft fehlt es Ihnen ja weiß Gott nicht. Das kann ich aus eigener Erfahrung bestätigen. Der größte Teil Ihres letzten Artikels ist ein Produkt Ihrer Einbildung.«

»Das ist nicht wahr. Ich habe für den Artikel sehr gründliche Nachforschungen angestellt.«

»Sie haben gefunden, was Sie finden wollten, und Sie haben geglaubt, was Sie glauben wollten. Jetzt spielt es keine Rolle mehr. Der Schaden ist getan. Ich habe Sie schon einmal gefragt, warum Sie hier herumkriechen?«

»Ach, ich habe meine Autoschlüssel fallengelassen«, sagte Mandy, die sie bis zu diesem Augenblick völlig vergessen hatte. »Könnten Sie mir vielleicht beim Suchen helfen?«

Luke ließ den Strahl seiner Taschenlampe über den Boden wandern, bis etwas im Gras aufleuchtete.

»Da«, sagte Mandy. Sie griff nach den Schlüsseln, und in diesem Augenblick hüpfte ein Frosch, der im Gras versteckt gewesen war, plötzlich weg. Mandy erschrak wieder und riß ihre Hand zurück.

Luke lachte, beugte sich hinab und hob ihr die Schlüssel auf.

»Kommen Sie mit«, sagte er. »Wenn ich jemals eine Frau gesehen habe, die eine Tasse Kaffee braucht, dann sind Sie das.«

»Nein, ich fahre wirklich besser in die Stadt zurück«, sagte Mandy.

»Sie sollten in Ihrem Zustand nicht Auto fahren«, sagte Luke. »Sie sind ja ein totales Nervenbündel. Und sagen

Sie jetzt bloß nicht, Sie hätten unbedingt noch etwas zu erledigen. Schließlich sind Sie hergefahren, um mich zu besuchen. Erinnern Sie sich noch?«

»Ja, aber ich erinnere mich auch daran, daß Sie mich nicht sehen wollten.«

»Können Sie mir das verdenken?« fragte Luke.

»Nein«, antwortete Mandy leise. »Das kann ich nicht.«

Luke musterte Mandy einen Moment, und dann lächelte er. »Sie sind wirklich eine seltsame Frau, wissen Sie das? Kommen Sie mit herein.«

»Gern«, sagte Mandy. »Deshalb bin ich ja hergekommen, aber Sie haben mich weggeschickt.«

»Ich habe es mir anders überlegt«, sagte Luke. »Also, kommen Sie jetzt mit herein, oder soll ich Sie hier draußen allein mit all den tödlichen Bäumen und Fröschen lassen?«

»Das finde ich gar nicht komisch«, sagte Mandy.

»Hüten Sie sich vor dem kleinen Ahorn da drüben«, sagte Luke. »Der ist bei Vollmond besonders wild.«

»Klugscheißer«, sagte Mandy, mußte aber gegen ihren Willen lachen.

Mandy folgte Luke zum Haus zurück, und dann hinein.

»In den ersten Stock, bitte«, sagte Luke.

»In den ersten Stock?«

»Ja. Dort halte ich mich nämlich meistens auf. Das Haus ist für mich allein zu groß, und ich käme mir hier unten vor wie ein Tischtennisball in einem Güterzugwaggon. Im ersten Stock habe ich eine geschlossene Wohnung mit einem Büro, einer Bibliothek, einem kleinen Wohnzimmer, einer Küche und natürlich meinem Schlafzimmer.«

»Ich dachte, Ihre Küche wäre unten.«

»Das ist die große Küche«, sagte Luke. »Die im ersten Stock ist eigentlich kaum mehr als eine Kochnische. Ich habe sie mir nur einrichten lassen, damit ich nicht jedesmal die Treppe hinuntersteigen muß, wenn ich mir eine Dose Suppe warm mache.«

Mandy folgte Luke die breite Treppe hinauf zum ersten Stock. Als sie oben im Gang ankamen, sah sie aus einem nach vorne gerichteten Zimmer Licht herausfallen und wußte, daß das der Lichtschein war, den sie von draußen gesehen hatte.

»Das ist mein Wohnzimmer«, sagte Luke. »Gehen Sie schon rein und nehmen Sie Platz. Ich mache uns inzwischen Kaffee.«

»In Ordnung«, sagte Mandy. Direkt neben der Tür stand eine große Ritterrüstung im Gang, und als Mandy nahe daran vorbeiging, sah sie, daß es nicht eines der Dekorationsstücke war, die man oft in Kuriositätenläden sah, sondern eine echte Rüstung.

Das Wohnzimmer war offensichtlich ein Schlafzimmer der ersten Besitzer des Hauses gewesen, aber es war schön umgebaut worden. Das Motiv, das durch die Rüstung im Gang schon angeklungen war, wurde hier weitergeführt. An einer Wand hing ein altes Schild mit einem Wappen darauf, und daneben hingen ein Schwert und ein Morgenstern. An einer anderen Wand hing eine gerahmte und herrlich erhaltene Pergament-Urkunde. Mandy versuchte, sie zu lesen, aber sie war italienisch geschrieben.

»Das ist eine Proklamation«, sagte Luke von der Tür her. Er kam mit zwei Tassen Kaffee in der Hand herein, von denen er eine Mandy gab.

»Ich hoffe, Sie trinken Ihren Kaffee schwarz.«

»Ja«, sagte Mandy. »So ist es.« Sie sah zu der Proklamation hinüber. »Was steht denn darin?«

»Darin steht: ›Die Bürger von Taormina erkennen dankbar die Hilfe an, die ihnen von Luigi Todaro gewährt worden ist, und verleihen ihm und allen seinen Nachkommen hiermit von diesem Tag an den Titel Don. Außerdem erkennen die Bürger das Recht der Mafia an, Gerichte zu halten und schwören beim Ehrenkodex der *Omerta*, die Geheimnisse von Luigi Todaro und der Mafia heilig zu halten.‹ Die Urkunde ist von 1871«, schloß Luke.

»Ist sie echt, oder ist das ein Witz?«

»Natürlich ist sie echt«, sagte Luke. »Es wäre der Gesundheit nicht unbedingt zuträglich, wenn man darüber Witze machen würde. Das ist die offizielle Anerkennung, nach der meine Familie das Anrecht auf den Titel *Don* in der Mafia-Organisation hat.«

»Sie meinen das tatsächlich ernst, nicht wahr?« sagte Mandy, setzte sich hin und sah Luke ungläubig an. »Sie hängen sich wirklich eine Urkunde über Ihre Familie und die Mafia an die Wand?« Sie lachte nervös. »Wozu brauchen Sie denn überhaupt so eine Urkunde? Die Mafia ist doch sowieso illegal; was soll das also?«

»Nach der allgemein verbreiteten Meinung ist die Mafia nichts als eine illegale Organisation«, sagte Luke. »Und heute stimmt das im Grund auch, aber das ändert an der historischen Bedeutung dieser Urkunde nichts. Als die Mafia nämlich ungefähr 1600 gegründet worden ist, war sie eine patriotische Organisation.«

»Zweifellos so etwas Ähnliches wie eine Weltkriegsveteranen-Organisation?« fragte Mandy sarkastisch.

Luke lachte. »Nein, nichts in der Art. Ich würde eher sagen, es war so ähnlich wie die Resistance in Frankreich während des Zweiten Weltkriegs. Damals betrachtete man es in Frankreich allgemein als patriotisch, Polizeistationen, Kasernen, Brücken und sogar Banken in die Luft zu jagen. Inzwischen haben sich die Zeiten aber geändert, und wenn jemand heute so etwas macht, hält man ihn für einen Verbrecher.«

»Und Sie vergleichen die Mafia mit der französischen Resistance?« fragte Mandy.

»Ja«, antwortete Luke unbekümmert. »In den frühen Tagen der Mafia war sie das einzige Mittel, das meine Landsleute hatten, um Gerechtigkeit zu üben. Die Mafia führte einen Volksaufstand gegen die Herrschaft der Bourbonen. Die Mafia hat gegen Terror und Unterdrükkung gekämpft und geholfen, Sizilien zu befreien. Wie viele gute Organisationen, hat auch sie ihre edlen Ziele jedoch bald vergessen, und korrupte Männer wollten die Macht, die sie angehäuft hatte, nicht mehr aus der Hand geben. Der gute Name, den sich die Mafia gemacht hatte, und der Ehrenkodex der *Omerta* ermöglichten es ihnen, die Organisation intakt zu erhalten, obwohl die Ziele inzwischen nicht mehr so edel waren. Sie sehen also, wie sie sich aus ehrenhaften Anfängen zu dem entwickelt hat, was sie heute ist.«

»Was ist *Omerta*?«

»Dahinter steht eine seltsame Sitte der Sizilianer. Sie wollen der Polizei nichts von irgendwelchen kriminellen Aktivitäten verraten. Dieser Ehrenkodex hat es der Mafia ermöglicht, zu überleben und zu blühen.«

»Wieso Ehrenkodex?«

»Für die Sizilianer geht es dabei um die Ehre.«

»Und für Sie?«

»Wie meinen Sie das?«

»Sie haben der Polizei doch auch nie etwas über die Mafia erzählt, oder?«

»Was wollen Sie eigentlich von mir, Mandy? Ich weiß doch gar nichts über die Operationen und den Aufbau von Onkel Marcellos Organisation. Ich weiß, daß er von meinem Großvater die Position des Don übernommen hat, aber das weiß die Polizei ja auch. Ich bin sogar sicher, daß sie mehr darüber weiß als ich. Das einzige, was ich erreichen würde, wäre eine Lösung der Blutsbande, die mich mit meiner Familie verbinden, und vielleicht würde ich ermordet werden.«

»Dann geben Sie also zu, daß Marcello Todaro zu Mord fähig ist?«

»Ja, dazu ist er fähig«, gestand Luke ein. »Ich weiß allerdings persönlich nichts von irgendwelchen Morden, die er vielleicht begangen hat, aber wahrscheinlich war er an dem großen Gangsterkrieg beteiligt, den mein Großvater gegen die Bonomis ausgetragen hat.«

Luke und Mandy standen noch immer vor der Urkunde. Luke nahm einen Schluck Kaffee und sah zu Mandy hinüber.

»Warum haben Sie das getan?« fragte er. »Warum haben Sie mich so niedergemacht?«

»Ich – ich habe es Ihnen doch schon gesagt«, antwortete Mandy. »Ich bin Reporterin. Ich habe es getan, weil das mein Beruf ist.«

»Ihr beruflicher Ehrgeiz hat wahrscheinlich hundertfünfzig Männern den Arbeitsplatz gekostet«, sagte Luke. »Das bedeutet, daß einhundertfünfzig Familien brotlos werden.«

»Wenn Sie doch nur ein bißchen mit mir zusammengearbeitet hätten«, sagte Mandy.

»Ich dachte, das hätte ich getan. Sie sind damals abends mit mir zum Essen herausgefahren, und am nächsten Tag haben Sie einen Artikel geschrieben, der meiner Meinung nach gerecht und ehrlich war. Sie haben die Wahrheit geschrieben.«

»Ich weiß, und jetzt werden Sie mir gleich wieder erzählen, daß es einen Unterschied zwischen Fakten und der Wahrheit gibt«, sagte Mandy. »Es tut mir leid, Luke, aber den Unterschied sehe ich nicht.«

Luke stellte seine Kaffeetasse ab und legte eine Hand an

Mandys Gesicht. Er packte sie am Kinn, und zwar nicht fest genug, um ihr wehzutun, sondern mit sanfter Gewalt, die sie daran hinderte, sich ohne weiteres von ihm zu lösen. Seine Berührung ließ ihr abwechselnd Kälte- und Hitzewellen durch den Körper zucken, und sie verspürte nicht den Wunsch, von ihm wegzukommen. Sie sah ihm in die Augen und bemerkte darin ein Feuer, das sie wie ein Stromstoß durchlief.

»Dann will ich Ihnen den Unterschied zwischen Fakten und der Wahrheit vorführen, Miß Powers«, sagte Luke. »Sie haben mich angegriffen und mir mit Ihrem Angriff sehr weh getan. Mein sizilianisches Blut ist in Wallung geraten, und es ist ein Faktum, daß ich Sie als meine Feindin betrachten müßte. Die Wahrheit aber...«

Luke beugte sich näher zu ihr und zog ihr Gesicht zu sich her. Das Feuer in seinen Augen schien etwas nachzulassen und wurde von einem zärtlichen Leuchten ersetzt, das tief aus seiner Seele kam.

»Die Wahrheit aber ist«, fuhr er fort, »daß ich dich begehre wie noch keine andere Frau vor dir.«

»Luke, ich...« , fing Mandy an, aber er berührte ihre Lippen mit einem Finger.

»Psst«, sagte er. »Sag jetzt nichts.«

Ohne ein weiteres Wort begann Luke, Mandy sanft ihre langen blonden Haare aus dem Gesicht zu streichen. Dann legte er ihr beide Hände um das Gesicht, senkte seine Lippen zu ihr herab und küßte sie. Dann löste er seine Lippen von ihr und sprach, und seine Worte waren so nahe an ihrem Gesicht, daß sie ihr sanft an das Gesicht zu streifen schienen.

»Und du begehrst mich auch«, sagte er. »Das weiß ich, ohne daß du es mir zu sagen brauchst.«

Oberflächlich heuchelte Mandy über die überraschende Entwicklung der Ereignisse Erstaunen. Sie war schließlich nur hergekommen, um mit ihm zu sprechen.

»Nein«, protestierte sie. »Nein, das ist nicht wahr.« Tief drinnen aber, in den geheimsten, innersten Winkeln ihres Herzens wußte sie, daß es wahr war. Sie hatte gewußt, daß das passieren würde, und irgendwo in sich hörte sie eine geheime innere Stimme vor Freude jubeln. Seine Lippen berührten sie wieder, und ihre eigenen Lippen wurden weich und teilten sich.

Langsam wurde der Kuß inniger und feuchter. Mandy wurden die Knie weich, und sie mußte sich an ihn lehnen.

Lukes Hände verließen ihr Gesicht, aber er brauchte sie nicht mehr; sie war auch so gefangen von seinen Lippen. Seine Hände senkten sich zu ihrem Hals und ihren Schultern, und dann schob er sie auf ihrer nackten Haut unter ihre Bluse. Seine Lippen lösten sich von ihrem Mund, er küßte ihren Hals, und dann fuhr er mit seinem Mund langsam wieder hoch, um sie leicht in die Unterlippe zu beißen.

Mandy spürte, wie ihre Bluse aufging und dann über ihre Schultern zu Boden glitt. Dann fühlte sie seine Hände an ihren Hüften, und er schob ihren Rock herunter. Sie hatte die besten Absichten, ihren Protest gegen die Entwicklung anzumelden. Es geht alles viel zu schnell, dachte sie, aber dann ließ er sie mit seinem leidenschaftlichen Kuß jeden Gedanken an Protest vergessen.

Plötzlich spürte Mandy, wie er sie vom Boden hochhob, und sie legte ihm selbst auch ihre Arme um den Hals, während er sie durch eine Tür aus dem Wohnzimmer ins Schlafzimmer trug. Ihr war fast schwindlig vor Aufregung und Vorfreude, als er sie sanft auf das Bett legte.

Luke machte mit flüssigen Bewegungen weiter, bis Mandy mit einiger Überraschung feststellte, daß sie völlig nackt war. Einen Augenblick später war Luke so nackt wie sie. Erst als er sich neben sie ins Bett legte und sie sein heißes Fleisch an sich spürte, stiegen wieder Angst und Zweifel in ihr hoch.

»Was machst du denn?« fragte sie und versuchte, sich aufzurichten. »Nein, das dürfen wir nicht.«

»Psst«, sagte Luke wieder. Seine Hände liebkosten und streichelten sie, und wieder senkte er seinen Mund zu ihrem Hals herab, ließ sich dieses Mal aber mehr Zeit, machte ihr Freude und ließ ihre Erregung zu immer höheren Gipfeln steigen. Seine Finger spielten weiter über ihren Körper, und dann fuhren sie mit Zärtlichkeiten über ihre Brüste, die so leicht und sanft waren wie die Berührung durch einen Schmetterlingsflügel.

Lukes Mund wanderte von ihrem Hals über ihre Schultern zu der sanften Wölbung ihrer Brüste. Seine Lippen schwebten über einem Nippel, er fuhr leicht mit der Zunge darüber, und dann saugte er ihn zärtlich in seinen Mund.

Mandy wölbte ihm ihren Körper entgegen und sehnte sich mit fast unkontrollierbarer Leidenschaft nach der Erfüllung. Sie spürte in sich eine Hitze, die alle ihre bisherigen Erfahrungen überstieg. Sie öffnete die Augen, und als sie sein Gesicht vor sich sah, begehrte sie ihn in diesem Augenblick wie noch nie etwas in ihrem Leben. Sie hörte, wie er leise ihren Namen murmelte, während er ihr leicht die Zunge über die Haut gleiten ließ, und sie wand sich in herrlicher Ekstase, als seine Finger nach unten glitten und den Teil von ihr zu liebkosen begannen, der für sie der Mittelpunkt all ihrer Gefühle war.

Mandy atmete nur noch stoßweise, und sie legte ihm ihre Arme um den Hals und zog ihn zu sich herab. Sie spürte die Wogen der Ekstase, die sie unter den Liebkosungen seiner geschickten Finger wie Stromstöße durchzuckten. Wieder trafen sich ihre Münder, seine Lippen öffneten ihre Lippen, und seine Zunge stieß tief in ihren Mund.

Dann aber hatte Mandy alle Ängste und Zweifel abgelegt und legte sich hin, um ihn von oben aufnehmen zu können. Sie öffnete sich ihm und freute sich voller Ungeduld ebensosehr darauf, zu geben wie zu nehmen. Sie sehnte sich verzweifelt nach ihm und bedrängte ihn nicht nur mit ihrem Verhalten, sondern auch mit ihren Worten, sie zu nehmen. Sie spürte einen kurzen Schmerz, der aber sofort von noch nie erlebten Wonnen verdrängt wurde. Sie sagte an seinen Lippen seinen Namen und ließ sich von der Leidenschaft überwältigen, die wie eine Woge über ihr zusammenschlug.

9

Wie ein Korken, der tief aus dem Wasser an die Oberfläche steigt, kehrte Mandy langsam das Bewußtsein zurück. Selbst als sie wußte, daß sie wach war, machte sie ihre Augen noch nicht auf, sondern genoß das wunderbare Gefühl des Halbschlafs, jenes Zwischenbereichs zwischen Schlafen und Wachen.

»Guten Morgen, du Schlafmütze«, sagte plötzlich eine unerwartete Stimme.

Mandy öffnete überrascht die Augen und sah Luke vor sich auf der Bettkante sitzen. Sie richtete sich schnell auf, und dabei rutschte die Decke herunter und entblößte eine nackte Brust. Sie schnappte erschreckt nach Luft und zog die Decke schnell wieder hoch.

Luke lachte. »Nach deinem Gesichtsausdruck zu urteilen, bist du etwas durcheinander. Frag mich aber bitte jetzt trotzdem nicht, wo du bist. Das wäre einfach zu viel.«

Alles fiel Mandy wieder ein, und obwohl ihr die Situation kurz peinlich war, vergaß sie dieses Gefühl schnell, als ihre Erinnerung ihr wieder die Wonnen der vergangenen Nacht vergegenwärtigte. Bei dem Gedanken daran spürte sie, wie alle ihre Sinne erwachten, und sie lächelte.

»Ich weiß, wo ich bin«, sagte sie.

»Keine Schreie? Keine Vorwürfe, ich hätte dich hinters Licht geführt oder gegen deinen Willen gezwungen?« fragte Luke. »Du willst wirklich nicht behaupten, ich hätte dich unter falschen Vorwänden hierher gelockt, um dich ins Bett zu bekommen?«

»Nein«, sagte Mandy. »Nichts dergleichen. Was ich getan habe, habe ich aus meinem eigenen freien Willen getan.«

Luke lächelte, streckte einen Arm aus und legte ihr seine Hand an die Wange. Das erinnerte sie wieder an das Gefühl, das ihr diese Finger gestern nacht nicht nur an der Wange, sondern auch an anderen, intimeren Teilen ihres Körpers gegeben hatten. Sie wurde rot, aber es war vor allem der Gedanke an ihre rauschhaften Gefühle, der ihr das Blut zu Kopf steigen ließ.

»Das freut mich«, sagte Luke. »Ich möchte nämlich nicht, daß du schlecht von mir denkst.«

Luke war bereits angezogen, und diese Tatsache brachte es Mandy deutlich zu Bewußtsein, daß sie bis auf den Schutz durch die Decke noch nackt war.

»Wahrscheinlich kann ich dich jetzt nur noch fragen, ob du mich noch respektierst«, neckte ihn Mandy.

»O ja, und sogar erheblich mehr als vorher, würde ich sagen«, antwortete Luke. »Ich liebe dich immer noch.«

»Du – was war das?« fragte Mandy, die von seinen Worten völlig verblüfft war. Sie hätte nie gedacht, daß er so etwas sagen würde.

»Ich sagte, ich liebe dich«, sagte Luke. Wieder legte er ihr leicht eine Hand an die Wange, und dann ließ er sie verlockend zu ihrem Mund gleiten. Er lehnte sich zu ihr hinüber und küßte sie. Sein Kuß war verblüffend zärtlich, aber bei all seiner Zärtlichkeit schien hinter seiner Liebkosung ein Feuer von Leidenschaft zu schlummern, das jeden Augenblick unkontrollierbar auszubrechen drohte.

»Warum hast du das getan?« fragte Mandy.

»Ich habe dir doch gesagt, daß ich dich liebe.«

»Du kannst mich nicht lieben. Nicht nach all dem, was ich dir angetan und was ich über dich geschrieben habe.«

»O doch, das kann ich.«

»Wie?«

»Das brauchen wir jetzt nicht zu diskutieren«, sagte Luke und wedelte mit einem Finger in der Luft hin und her, wie man das bei einem unartigen Kind tut. »Hast du eigentlich keinen Hunger?«

»Nicht besonders«, antwortete Mandy. Das stimmte tatsächlich. Sie hatte ihren Schock über die plötzliche und völlig unerwartete Entwicklung der Ereignisse noch immer nicht ganz überwunden.

»Ich hoffe, du hast wenigstens ein bißchen Hunger, weil ich nämlich Frühstück gemacht habe«, sagte Luke.

Erst dann bemerkte Mandy, daß neben dem Bett ein Tablett mit Kaffee, frischem Toast und einer Vase mit frischgepflückten Blumen stand.

»Wann hast du das denn alles geschafft?« fragte Mandy lachend.

»Heute morgen, während du noch geschlafen hast. Allerdings erst, nachdem ich dir zugeschaut habe.«

»Mir zugeschaut? Wobei denn?«

»Beim Schlafen«, sagte Luke. »Du bist schön, wenn du

schläfst. Da du aber auch schön bist, wenn du wach bist, dürfte es eigentlich keine Überraschung bedeuten, daß du auch schön bist, wenn du schläfst.«

Mandy lachte wieder. Sie hob eine Hand und deutete auf ihre Kleider, und dabei fiel wieder die Decke von ihren Brüsten herunter. Die Nippel richteten sich in der kühlen Luft sofort auf, und Mandy unternahm nichts, um das zu verbergen.

»Macht es dir etwas aus, wenn ich mich zuerst anziehe?« fragte sie.

»Unter gewöhnlichen Umständen würde ich sagen ja, es macht mir sehr viel aus«, sagte Luke. »Mir fällt kaum ein Argument dafür, aber viele dagegen ein, aber da ich praktisch sofort weg muß, ist es wahrscheinlich tatsächlich am besten, wenn du dich anziehst, oder du lenkst mich so sehr ab, daß ich es einfach nicht fertigbringe, wegzugehen.«

Luke reichte Mandy ihre Kleider, und sie begann, sich anzuziehen. Sie benutzte dabei der Form halber das Bettuch, um sich zu bedecken, gab sich aber keine sonderliche Mühe, so daß ihre Reize einige Male völlig enthüllt waren, was von Luke mit bewundernden Blicken registriert wurde.

»Du mußt weg? Wohin denn?«

»Ich muß heute vormittag nach Jefferson City.«

»Was willst du denn in unserer Hauptstadt?« fragte Mandy.

»Ich versichere dir, daß ich nicht nur wegen der Architektur dorthin fahre. Es geht für mich ums Überleben. Wenn ich nicht völlig untergehen will, muß ich es versuchen, die Straßenbaubehörde dazu zu überreden, mich mit den Bauarbeiten weitermachen zu lassen, bis sie ihre Untersuchung abgeschlossen hat. Ich bin sicher, daß du das verstehst.«

»O Luke, ich würde jetzt alles in der Welt dafür geben, wenn das alles nie passiert wäre. Wenn ich doch bloß...«

»Langsam, langsam«, sagte Luke und hob eine Hand, um ihren Redefluß zu unterbrechen. »Spreche ich jetzt mit Mandy, der Reporterin, oder mit der anderen Mandy?«

»Mit der anderen Mandy.«

»Dann sprechen wir am besten von der ganzen Angelegenheit gar nicht, einverstanden? Wenn es außerdem die Reporterin Mandy mit ihrem aggressiven Stil nicht gegeben hätte, hätte ich auch die andere Mandy nie kennengelernt. Ich mußte zwar einen hohen Preis bezahlen, aber ich meine, er war es wert.«

Luke legte seine Arme um Mandy und zog sie an sich. Er berührte ihr Kinn mit seinen Fingern, hob ihr Gesicht zu sich hoch und küßte sie leidenschaftlich. Mandy spürte, wie ihr schwindlig wurde und die Wärme wieder in ihr hochstieg. Sie verlor die Situation aus ihrer Kontrolle und fühlte zugleich Hitze und Kälte, Panik und überschwengliche Begeisterung. Sie überlegte kurz, daß sie ihre Gefühle besser unter Kontrolle bringen sollte, aber der Kuß hatte ihre Sinne so plötzlich überwältigt, daß es dazu schon zu spät war. Solange Luke sie nicht losließ, konnte sie nicht aufhören.

Luke ließ sie los. Er löste sich von ihr, und dann sah er sie an und lächelte.

»Jetzt wünsche ich mir, ich hätte den Hubschrauber nicht herbestellt«, sagte er. »Ich würde mich unheimlich wohl dabei fühlen, wenn ich den Rest des Tages hierbleiben könnte.«

»Nein, du mußt weg«, sagte Mandy; sie hatte ihre ganze Kraft aufbieten müssen, um die Worte herauszubringen.

»Ich bin heute abend wieder hier in der Stadt. Ich rufe dich dann sofort an.«

»Luke, ich weiß nicht«, sagte Mandy. »Irgendwie kommt mir das alles so seltsam vor. Ich meine, auf der einen Seite sind wir Feinde, und doch ...«

»Und doch fühlen wir uns offensichtlich miteinander sehr wohl, nicht wahr? Oder willst du es etwa abstreiten, daß du gerade etwas gefühlt hast, oder gestern nacht?«

Mandy spürte, daß sie rot wurde, aber wieder, weil sie sich an vergangene Freuden erinnerte, und nicht, weil es ihr peinlich war.

»Ich kann es nicht abstreiten, und das weißt du auch genau«, sagte sie. »Ich verstehe es zwar nicht, aber abstreiten kann ich es auch nicht.«

Luke legte ihr die Hände auf die Schultern und küßte sie noch einmal, hielt sich aber dieses Mal mehr zurück.

»Versuche erst gar nicht, es zu verstehen«, sagte er.

In diesem Augenblick hörte Mandy von draußen den Motor des Hubschraubers, der immer lauter wurde, und sie sah Luke an.

»Das klingt ganz so, als sei dein Hubschrauber da«, sagte sie.

»Verdammt!« fluchte Luke leise in sich hinein und richtete sich noch einmal an sie. »Mach du dir es inzwischen hier bequem. Zuerst einmal würde ich in aller Ruhe zu Ende frühstücken. Wenn du gehst, mach einfach die Tür hinter dir zu. Ich rufe dich heute abend an, wenn ich wieder zurück bin.«

»Nein, ich bin heute abend mit Chance verabredet ...«

»Das kannst du doch sausen lassen«, sagte Luke.

»Nein, das kann ich nicht einfach sausen lassen. Ich bin ihm gegenüber verpflichtet, und ...«

»Bist du verliebt in ihn?«

»Was?«

»Ich habe in Zeitungen gelesen, daß dein Name mit ihm in Verbindung gebracht wird«, sagte Luke. »Bist du in ihn verliebt?«

»Ich weiß es nicht, aber ich glaube, nein.«

»Wenn du nicht in ihn verliebt bist, brauchst du dich auch heute abend nicht mit ihm zu treffen«, sagte Luke. »Also, wie gesagt, ich rufe dich an.«

Bevor Mandy ihm antworten konnte, hatte er sie noch einmal geküßt und war aus dem Schlafzimmer gerannt. Mandy hörte ihn die Treppe hinuntergehen, und dann rief er noch einmal zu ihr hoch: »Ich rufe dich an!«

Mandy fühlte sich von den Ereignissen der letzten zwölf Stunden noch immer wie betäubt und setzte sich auf die Bettkante. Erst als der Hubschrauber mit dröhnendem Motor abhob, wurde sie aus ihrer Träumerei gerissen und griff nach ihrer Kaffeetasse.

Sie frühstückte zu Ende und trug dann das schmutzige Geschirr in die kleine Küche im ersten Stock. Sie spülte das Geschirr und räumte es weg. So ganz allein in Lukes Haus kam sie sich etwas merkwürdig vor, und außerdem war sie von einer brennenden Neugier über diesen seltsamen Mann verzehrt. Wie konnte er ihr sagen, daß er sie liebte, wo sie alles tat, was in ihrer Macht stand, um ihn zu vernichten? Täuschte sie sich über ihn? Beging sie einen schweren Fehler, wenn sie ihre Kampagne weiterführte? Oder beging sie einen noch größeren, gefährlicheren Fehler, wenn sie sich persönlich mit ihm einließ?

Mandy gab ihrer Neugier nach und begann, sich im ersten Stock umzusehen. Sie sah, daß Luke tatsächlich nur eine Wohnung in diesem großen Haus bewohnte, wie er das gestern abend erwähnt hatte. Das war natürlich nur vernünftig, denn das Haus war für eine Person viel zu groß. Als Luke ihr bei ihrer ersten Begegnung in der großen Küche im Erdgeschoß das Essen gekocht hatte, war das wahrscheinlich das letztemal gewesen, daß sie benutzt worden war.

In diesem Augenblick klingelte plötzlich das Telefon und erschreckte sie. Sie wollte gerade den Hörer abnehmen, aber dann fiel ihr wieder ein, wo sie war und wie schwer es ihr fallen würde, ihre Anwesenheit hier zu erklären, und so ließ sie es klingeln. Beim dritten Rufzeichen schaltete sich ein automatischer Anrufbeantworter ein:

»Hier spricht Luke Todaro. Ich bin momentan nicht zu Hause, aber wenn Sie Namen, Telefonnummer oder eine Nachricht hinterlassen möchten, werde ich Sie zurückrufen. Warten Sie auf den Piepston.«

Mandy ging in das kleine Wohnzimmer und sah das Telefon an. Sie wußte, daß sie hier eine private Unterhaltung belauschte, aber sie ließ sich von ihrer Neugier überwältigen und blieb regungslos stehen, als eine rauhe Stimme zu sprechen begann:

»Hallo, Luciano, hier ist Marcello. Benny Carrell in St. Louis ist der Familie noch etwas schuldig, wenn du verstehst, was ich meine. Ich habe ihn gebeten, hier in die Hauptstadt zu kommen und für uns einige Dinge zu bereinigen. Ich glaube nicht, daß du noch weitere Probleme bekommen wirst. Benny versteht seine Sache und wird alles regeln.«

Marcello? War das vielleicht Lukes Onkel? Ja, ganz bestimmt. Wer aber war der Mann in St. Louis?

Mandy spulte das Band noch einmal zurück und schrieb sich den Namen auf. Sie hatte ihn schon einmal irgendwo gehört.

Als Mandy das große Haus verließ, hatte sie ein etwas schlechtes Gewissen. Sie hatte Lukes Vertrauen mißbraucht. Er hatte sie in seinem Haus alleingelassen, und sie hatte daraufhin ein Telefongespräch abgehört, obwohl es eigentlich privat gewesen war. Auf ihrer Heimfahrt in die Stadt dachte Mandy über ihre kollidierenden Gefühle nach. Sollte sie der Sache nachgehen?

Natürlich sollte sie das, befahl sie sich selbst. Wenn das ein harmloser Anruf gewesen war, würde sie nicht viel Schaden anrichten, aber wenn er für ihre Untersuchung wichtig war, mußte sie mehr darüber erfahren. Es war ihr klar, daß sie damit Luke Todaro vielleicht gefährlich nahe auf den Leib rückte, aber nun wollte sie aus eigenem Interesse mehr über diesen Mann erfahren.

Mandy machte einen kurzen Abstecher in ihr eigenes Apartment, um sich zu duschen und umzuziehen. Auf ihrem Anrufbeantworter brannte das rote Licht, und als sie das Band abhörte, erwies sich der Anruf als Kontaktversuch von Chance vom Vorabend. Er hatte sogar zweimal versucht, sie anzurufen. Irgend etwas an dem roten Licht machte ihr Gedanken, aber sie kam nicht darauf, was es sein könnte, und so dachte sie nicht mehr weiter darüber nach.

Eine halbe Stunde später kam sie in die Redaktion. Jack sah auf und lächelte ihr zu.

»Guten Morgen«, sagte er. »Wie fühlen Sie sich heute morgen?«

»Ausgezeichnet«, sagte Mandy. »Warum?«

»Als wir uns gestern abend getrennt haben, haben Sie sich nicht ganz so ausgezeichnet gefühlt.«

Es fiel Mandy wieder ein, daß sie gestern abend im Tree House gewesen waren. Sie lächelte.

»Ich war wahrscheinlich eine miserable Gesellschaft für Sie, nicht wahr?«

»Na ja, wie man's nimmt. Ich habe schon in schlechterer Gesellschaft getrunken«, sagte Jack. »Wichtig ist aber vor allem, wie es Ihnen heute geht.«

»Viel besser, danke«, sagte Mandy, ohne weitere Erklärungen abzugeben. »Jack, haben Sie schon einmal von einem gewissen Benny Carrell etwas gehört?«

»Benny Carrell?« antwortete Jack. »Warum interessieren Sie sich denn für ihn?«

»Ich weiß es noch nicht sicher«, sagte Mandy. »Erst einmal suche ich nur nach Informationen über ihn, das ist alles.«

Jack lachte. »Mein Gott, wenn Sie angeln gehen, suchen Sie sich den größten Hecht im Teich aus, nicht wahr?«

»Wieso, was ist denn mit ihm?« fragte Mandy. Sie spürte wieder ein ungutes Gefühl in sich aufsteigen. Hatte er etwas mit Luke zu tun? Sie beantwortete ihre eigene, unausgesprochene Frage. Ja, er mußte etwas mit Luke zu tun haben. Sie hatte es schließlich mit eigenen Ohren gehört.

»Das ist eine große Nummer«, sagte Jack. »Er kontrolliert das gesamte organisierte Verbrechen in St. Louis und verkehrt mit den großen Bossen aus New York, Chicago, Las Vegas und Los Angeles.«

»Was ist das für ein Typ?«

»Früher einmal nannte man jemand wie ihn einen Gorilla. Er hat seine Dienste an alle verkauft, die ihn brauchten, aber seit er St. Louis übernommen hat, arbeitet er nicht mehr für andere, sondern nur noch für sich selbst.«

»Ein Gorilla? Das klingt ja bedrohlich«, sagte Mandy.

»So bedrohlich wie Mord«, gab Jack zurück. »Das ist

nämlich Benny Carrells Spezialität. Man schätzt allgemein, daß er ungefähr zwanzig Menschen ermordet hat.«

»Das verstehe ich nicht«, sagte Mandy. »Wenn er so viele Menschen ermordet hat, warum sitzt er dann nicht im Gefängnis?«

»Weil er ein Profi ist«, sagte Jack. »Das ist nicht ein Typ, der seinen Schwager in einem Streit um ein Fußballspiel erschlägt, oder so etwas Ähnliches. Mord ist sein Beruf. Er ist zu schlau, um genug Beweise für eine Verurteilung zurückzulassen, aber er macht es immer irgendwie publik, daß er der Täter war. Das ist eine brutale, aber wirkungsvolle Art von Reklame.«

»Es ist schwer, sich vorzustellen, daß jemand ein Berufsmörder sein könnte«, sagte Mandy. »Ich meine im wirklichen Leben. Solche Leute kennt man nur aus Filmen oder aus dem Fernsehen, und da sehen sie immer grimmig und gefährlich aus.«

»Der nicht, nicht im geringsten. Wahrscheinlich ist er deshalb so gut.«

»Warum? Wie sieht er aus?«

»Sie haben doch sicher schon einmal die Farmer gesehen, die am Sonntag in die Stadt kommen?« sagte Jack. »Sie kennen sie doch; die Leute tragen eine Mütze mit einer Düngemittel-Reklame und Overalls mit einem Tabaksbeutel in der Brusttasche.«

Mandy lachte. »Meinen Sie die, die immer auf den Bänken am Straßenrand sitzen und sich über Landwirtschaft unterhalten, während ihre Frauen einkaufen?«

»Genau. Machen diese Leute Ihnen Angst?«

»Angst? Nein, im Gegenteil, ich mag sie gern. Sie gehören zur Atmosphäre in Sikeston.«

»Benny Carrell sieht wie einer von diesen Leuten aus. Er kleidet sich wie sie, und er redet wie sie.«

»Und er ist ein Killer für die Mafia?«

»Ganz richtig«, sagte Jack. »Man muß dazu nicht unbedingt so aussehen, als wäre man gerade aus Sizilien angekommen. Wenn die Familie schon lange genug in den Staaten lebt, kann so jemand aussehen wie ein biederer Cowboy.«

»Man würde normalerweise nie denken, daß so jemand in die Großstadtkriminalität verwickelt sein könnte«, sagte Mandy. »Was halten Sie wohl für den Grund dafür, daß sie sich ausgerechnet jemand wie Benny Carrell ausgesucht haben?«

»Weil er für die Leute von der Mafia perfekt ist«, sagte Jack. »Er besitzt nicht die geringste Spur menschlicher Gefühle. Er kann zu jemand hingehen und ihn ohne das geringste Zögern umbringen.«

Mandy schüttelte sich.

»Die Tatsache, daß er keinerlei Moralvorstellungen besitzt, und sein harmloses Aussehen, das war es, was der Mafia gefallen hat. Sie kann schließlich kaum jemand gebrauchen, der wie Charles Bronson oder Lee Marvin aussieht, weil so jemand dem Opfer sofort auffallen würde.«

»Was ist so jemand für ein Mensch? Was geht in ihm vor?« fragte sich Mandy.

»Er braucht nicht besonders geschickt oder mutig zu sein, das kann ich Ihnen sagen. Er muß nur völlig skrupellos sein, und das ist eine Qualifikation, die Carrell auf jeden Fall vorweisen kann.«

»Ein wahrer Helfer der Menschheit also«, sagte Mandy sarkastisch.

»Allerdings. Was es also auch ist, das Sie auf Benny Carrells Spur gebracht hat, lassen Sie die Finger davon, rate ich Ihnen.«

»Ja, vielleicht haben Sie recht«, sagte Mandy. Sie ging zu ihrem Schreibtisch zurück, setzte sich dahinter und dachte über das Telefongespräch nach, das sie mitbekommen hatte. Oberflächlich betrachtet, schien es Luke mit seinem Onkel und diesem schrecklichen Menschen in St. Louis in Verbindung zu bringen. Auf der anderen Seite mußte sie bedenken, daß Luke von seinem Onkel angerufen worden war, und nicht umgekehrt. Sie mußte zunächst zu seinen Gunsten annehmen, daß alles vielleicht eine harmlose Erklärung hatte.

Warum eigentlich? fragte sie sich. Die Sache war doch sonnenklar. Der Anruf Marcellos hatte doch nur zwei mögliche Erklärungen. Entweder reagierte er auf eine Bitte um Hilfe von Luke, und zwar der Art von Hilfe, die Marcello leisten konnte, oder sie hatte nun den positiven Beweis dafür, daß die Trennung Lukes von seinem Onkel doch nicht so endgültig war, wie Luke das behauptet hatte, und das wiederum war ein einwandfreier Beweis für Lukes Schuld.

Wie war das aber möglich? Es schien nichts zusammenzupassen. Sobald sie nicht mehr mit Luke zusammen war, entdeckte sie alle möglichen Dinge über ihn, aber wenn sie mit ihm zusammen war, war sie wieder bereit, ihm jede Geschichte zu glauben, die er ihr erzählte. Vielleicht kannte sie ihn einfach noch nicht gut genug.

Wie konnte sie ihn besser und intimer kennenlernen? fragte sie sich selbst und wurde rot bei dieser Frage. Sie und Luke waren sich so nahe gewesen, wie das zwei Menschen nur sein können. Sie hatten sich geliebt, und Luke hatte ihr sogar seine Liebe erklärt. Das war doch sicher nicht gelogen gewesen. Er liebte sie bestimmt, und sie liebte ihn, das wußte sie.

Obwohl sie die Worte nicht ausgesprochen hatte, hatten sie eine ungeheure Wirkung auf sie. Sie hatte bisher an diese Möglichkeit nicht einmal gedacht, aber nun, da sie sie zumindest in Gedanken ausgesprochen hatte, wußte sie, daß es die Wahrheit war. Bei allem, was sie über ihn wußte oder wessen sie ihn verdächtigte, hätte sie eigentlich allen Grund gehabt, vor ihm wegzulaufen. Sie wußte jedoch, daß sie trotz alledem in ihn verliebt war.

Und noch nie hatte sie sich elender gefühlt.

»Mandy? Telefon«, sagte irgend jemand in der Redaktion.

Mandy nahm den Hörer ab.

»Mandy, ich bin's, Chance«, meldete sich Baileys bekannte Stimme am anderen Ende der Leitung. »Wo waren Sie denn gestern abend?«

»Ich, äh, ich hatte noch zu arbeiten«, sagte Mandy.

»So? Na ja, auf jeden Fall haben Sie das weder in Ihrer Wohnung noch in der Redaktion getan«, sagte Chance.

»Sie werden schon entschuldigen«, sagte Mandy scharf. »Aber ich wußte nicht, daß ich Ihnen Rechenschaft schuldig bin, wann ich komme und gehe.«

»Nein, nein, entschuldigen Sie«, sagte Chance. »So habe ich das nicht gemeint. Hören Sie, wollen Sie mit mir essen?«

»Ach, Chance, ich weiß nicht«, sagte Mandy. »Ich weiß, daß Ihnen der Wahlkampf Spaß macht, aber wenn ich noch an einem einzigen Wohltätigkeitsessen teilnehmen oder den Tisch auch noch mit Peter teilen muß, während Sie beide Ihre nächsten Schritte diskutieren ...«

»Nein, nein«, sagte Chance. »So meine ich das nicht. Ich verspreche es.«

»Wie meinen Sie es denn sonst?«

»Ich kenne ein ruhiges kleines Restaurant, direkt am Fluß in der Nähe von New Madrid.«

»New Madrid? Aber das ist ja nicht einmal in Ihrem Wahlbezirk«, sagte Mandy.

»Ich weiß. Damit garantiere ich Ihnen, daß keine politischen Gespräche geplant sind. Nur wir zwei. Ich denke, wir brauchen ein wenig Zeit, um uns unterhalten zu können. Meinen Sie nicht auch?«

Das war er, dachte Mandy, der Augenblick der Wahrheit. Worüber würden sie reden? Würde er ihr einen Heiratsantrag machen? Würde er von ihr verlangen, daß sie sich irgendwie festlegte? Komisch dabei war nur, daß sie sich noch vor zwei Wochen über so etwas gefreut hätte, und sie wäre sicherlich jede gewünschte Verpflichtung eingegangen. Jetzt war sie nicht mehr so sicher.

»Mandy?«

»Na schön, Chance, ich komme mit Ihnen«, sagte Mandy. »Wo treffen wir uns?«

»Nein«, sagte Chance. »Dieses Mal keine Verabredung. Ich hole Sie ab.«

»Also gut.«

Mandy legte auf, und in diesem Augenblick rief ihr Jack zu: »Mandy? Todaro für Sie.«

»Wer?«

»Am Telefon«, sagte Jack. »Luciano Todaro möchte Sie sprechen.«

»Haben Sie ihm schon gesagt, daß ich hier bin?«

»Nein«, sagte Jack. »Ich habe gesagt, ich würde nachsehen.«

»Sagen Sie ihm – sagen Sie ihm, ich bin nicht da«, sagte Mandy. Der Ausgang ihrer Entscheidung stand damit nicht mehr in Frage. Sie hatte gerade den ersten Schritt getan, um sicherzustellen, daß die Angelegenheit nicht zu weit ging.

Oder war es dafür schon zu spät?

10

Das flache Ackerland des südöstlichen Missouri zog monoton an der Straße vorbei, und Mandy lehnte sich in den Sitz zurück und sah aus dem Fenster. Es hatte kürzlich geregnet, und auf den bereits abgeernteten Sojabohnenfeldern spiegelte sich in großen Pfützen silbern das Sonnenlicht. Hunderte von weißen Reihern flogen über die Felder wie Blüten, die zum Leben erwacht waren. Auf dem Feld danach waren Sonnenblumen angebaut, die alle ihre gelben Köpfe der Sonne zuneigten.

All das betrachtete sich Mandy, während sie allein mit Chance in seinem Wagen die Staatsstraße 55 entlangfuhren.

»Der Generalstaatsanwalt steht in dieser Untersuchung hundertprozentig hinter uns«, sagte Chance. »Ich habe gestern abend mit ihm gesprochen, und er hat mir gesagt, ich soll Ihnen auf jeden Fall ausrichten, daß Sie fest mit seiner Unterstützung rechnen können und alle Informationen, die Sie für einen Ihrer Artikel brauchen könnten, auf jeden Fall bekommen würden. Er hat mir sogar angeboten, mich für diesen Fall zum Untersuchungsbeauftragten zu ernennen, der direkt seiner Behörde verantwortlich wäre, aber das habe ich abgelehnt. Ich möchte nicht, daß diese Untersuchung in Formalitäten und bürokratischer Schlamperei erstickt. Die Angelegenheit soll voll in den Händen der betroffenen Bürger bleiben. Nur wenn wir direkt an der Basis bleiben, können wir auf die Unterstützung aller Wähler rechnen.«

Mandy antwortete ihm nicht. Sie versuchte im Gegenteil, die gesamte Angelegenheit aus ihren Gedanken zu verbannen, indem sie sich durch den Anblick der flachen Felder neben der Straße ablenkte. Die blitzenden Wasserpfützen auf den Feldern erinnerten sie daran, daß diese

Felder praktisch jedes Frühjahr überschwemmt wurden, und manchmal stieg das Wasser so hoch, daß die Straßen gesperrt werden mußten. Oft vernichteten diese Überschwemmungen die Ernte oder richteten sonst großen Schaden an, aber meistens ging das Wasser des Mississippi zurück und hinterließ einen fetten, schwarzen Schlamm, der den Boden zum fruchtbarsten im Lande machte. Die Felder waren so fruchtbar, daß sie von ihrem Ertrag her auch dann noch wirtschaftlich blieben, wenn alle vier Jahre die Ernte durch die Überschwemmungen vollständig vernichtet wurden. Der sogenannte Absatz oder Bootheel des Mississippi bestand nur aus zehn Counties, aber diese zehn Counties machten den Staat Missouri zum zweitgrößten Sojabohnenproduzenten des Landes. Wäre dieser Teil Missouris ein unabhängiges Land, so wäre es auf der Rangliste der Sojabohnenproduzenten der ganzen Welt am vierten Platz. Ein solcher Boden hatte im Lauf der Zeit ungeheure Reichtümer produziert, und Chance Bailey war vor allem wegen seiner Verbindungen zur Landwirtschaft so reich geworden.

»Daß der Gouverneur mich in den neuen Handelsausschuß berufen hat, habe ich Ihnen schon erzählt, oder?« fragte sie Chance.

»Nein, das wußte ich bisher nicht«, sagte Mandy. »Das ist doch eine große Ehre, nicht wahr?«

Chance lachte. »Eigentlich ist ihm gar nichts anderes übriggeblieben. Er weiß schließlich, daß er seinen Handelsausschuß auch dann noch über Wasser halten muß, nachdem ich zum Senator gewählt worden bin. Auf die Art wollte er bei mir schon vorher gut Wetter machen. Außerdem geht es mir dabei nicht so sehr um die Ehre, sondern um die Reise, die damit verbunden ist.«

»Welche Reise?«

»Nach Japan. Im nächsten Monat werden zwei Angehörige des Handelsausschusses mit ihren Frauen nach Japan geschickt«, sagte Chance. »Der Staat übernimmt alle Kosten und Spesen, und die Bundesregierung gibt noch einen Zuschuß dazu. Wie es aussieht, sind unsere Sojabohnen die beste Waffe Amerikas gegen die japanischen Autos.«

»Das wird bestimmt sehr aufregend«, sagte Mandy. »Wer sind denn die Glücklichen?«

»Man hat mir schon gesagt, daß ich einer der beiden sein werde, die fahren. Wie finden Sie das?«

»Glückwunsch. Das klingt ganz nach einer fantastischen Reise«, sagte Mandy. »Ich wollte, ich hätte auch einmal so viel Glück.«

»Ich hatte schon gehofft, daß Sie so denken würden«, sagte Chance und sah zu ihr hinüber. »Mandy, wollen Sie mitfahren?«

»Was? Aber nein, das kann ich doch nicht«, sagte Mandy. »Ich habe schließlich meinen Beruf, und wie würden Sie es außerdem rechtfertigen, wenn ich mitkäme? Ich meine damit nicht nur die zusätzlichen Kosten. Wie würde das denn aussehen, wenn Sie Ihre Freundin mitnehmen würden? Sie hätten die schweigende Mehrheit schneller am Hals, als Ihnen lieb ist.«

»Wenn Sie aber als meine Frau mitfahren würden, hätte niemand etwas dagegen einzuwenden«, sagte Chance. »Wie wäre es damit, Mandy?«

»Chance, habe ich Sie richtig verstanden? War das ein Heiratsantrag?«

»Ja«, sagte Chance.

»Und wann?«

»Sofort«, sagte Chance. »Mandy, ich weiß jetzt, daß es ein Fehler von mir war, so lange zu warten. Ich hätte Sie schon lange fragen sollen, statt das immer wieder hinauszuzögern.«

»Sind Sie sicher, daß Sie sich das nicht noch ein wenig überlegen wollen?« fragte Mandy.

»Nein. Ich möchte Sie heiraten, sobald sich die Formalitäten erledigen lassen.«

»Wollen Sie nicht wenigstens noch bis nach der Wahl abwarten? Wenn Sie mitten im Wahlkampf heiraten wollen, kompliziert das doch alles ungeheuer.«

»Nein, im Gegenteil! Verstehen Sie das denn nicht?« fragte Chance. »Gerade jetzt sind Sie doch eine heiße Nummer. Mit Ihrer Artikelserie über Todaro haben Sie uns beide zu Stars gemacht, und ich finde, daraus könnten wir Kapital schlagen, oder nicht? Mann, wenn wir morgen heiraten würden, wäre das für mich zehntausend Stimmen wert, aber ernsthaft!«

»Ich verstehe«, sagte Mandy. »Das ist also ein taktisches Manöver, um Stimmen zu fangen, was?«

»Nein«, sagte Chance hastig; ihre Bemerkung hatte ihn gekränkt. »Nein, Mandy, das ist nicht alles, aber das wissen Sie ja selbst. Ich habe nur jetzt endlich meine Entscheidung darüber getroffen, daß ich Sie heiraten möchte, das ist alles. Ich brauche darüber nicht mehr nachzudenken.«

Chances plötzlicher Heiratsantrag war für Mandy wie ein Schock gekommen. Sie waren jetzt zwar schon einige Monate miteinander befreundet, und ihre Namen waren miteinander in Verbindung gebracht worden, aber das Thema Ehe war heute zum erstenmal zur Sprache gekommen. Noch vor drei Wochen hätte sie seinen Antrag gern angenommen, aber nun war sie etwas nachdenklicher geworden.

»Chance, ich weiß nicht«, sagte Mandy. »Selbst wenn Sie nicht mehr darüber nachdenken möchten, bitte ich für mich doch noch um etwas Bedenkzeit.«

»Wozu denn nur?« fragte Chance. »Wir kennen unsere Gefühle füreinander doch genau.«

»Das ist der Punkt«, sagte Mandy. »Ich bin da nicht so sicher. Sie haben mir von Ihren Gefühlen nie etwas erzählt. Mir kommt es manchmal so vor, als wären wir in unsere Beziehung nur so hineingerutscht. Wir waren nie zärtlich zueinander, unsere Küsse könnte man bestenfalls als freundschaftlich bezeichnen, und wir duzen uns nicht einmal. Jetzt kommen Sie plötzlich daher und machen mir einen Heiratsantrag, und dazu haben Sie es am Anfang so klingen lassen, als wollten Sie mich allein aus politischen Gründen heiraten.«

Chance lachte. »Sehr überschwenglich war ich mit meinen Gefühlsäußerungen tatsächlich nicht – nicht einmal mit meinen Küssen, wie Sie ganz richtig bemerken. Sie können es mir aber glauben, daß das nicht daher kommt, daß ich unserer Beziehung mit gemischten Gefühlen gegenüberstehe, sondern weil ich Sie zu sehr respektiere und Sie nicht bedrängen will. Aus dem gleichen Grund habe ich Ihnen auch nie das Du angeboten. Wenn mein Antrag so geklungen hat, als stünde dahinter nur eine Strategie zum Wählerfang, so tut mir das leid. Die Wahrheit ist nämlich, daß ich Sie liebe, Mandy, und daß ich Sie deshalb zur Frau möchte. Was das für die Wahl für Folgen hat, ist mir gleich. Wenn ich die Wahl hätte, ob ich lieber Senator werden würde oder Ihr Mann, würde ich Sie heiraten.«

Das war das erstemal, daß Chance zu Mandy von seinen Gefühlen gesprochen hatte, und sie war tief gerührt.

»Das waren wirklich bewegende Worte, Chance«, sagte sie.

»Was sagen Sie also? Wollen Sie mich heiraten?«

»Ich möchte trotzdem noch darüber nachdenken, Chance.«

»In Ordnung«, sagte Chance und grinste breit. »Damit

will ich mich zufriedengeben. Wenn Sie bereit sind, darüber nachzudenken, dann habe ich vielleicht doch noch eine Chance.«

Mandy sagte auf dem Rest der Fahrt nach New Madrid nichts mehr und überlegte. Schließlich erreichten sie die kleine Stadt am Fluß, die stolz von sich behauptete, sie sei die ›zweitälteste Ansiedlung westlich vom Mississippi‹. Die Stadt war in dem großen Erdbeben von 1811 völlig ausgelöscht worden. Der Mississippi hatte durch dieses Erdbeben sein Flußbett verschoben, und New Madrid war unter den Fluten verschwunden. Es gab die Stadt zwar seit dreihundert Jahren, aber die Bevölkerung war im Verlauf der letzten hundert Jahre um nicht mehr als ein Dutzend Einwohner angewachsen. Die Stadt war klein geblieben.

Chance und Mandy aßen in einem offenen Anbau hinter dem Restaurant. Von dort aus hatten sie einen herrlichen Blick auf den Mississippi in seiner ganzen Breite, der sich selbst sein Flußbett veränderte, neue Inseln entstehen ließ und alte zerstörte und mit einem lauten Rauschen an ihnen vorüberfloß, das sich wie ein starker Wind in den Bäumen anhörte.

Mandy war froh, daß sie zum Frühstück nicht viel gegessen hatte, denn es wurden Mississippi-Wels, Bratkartoffeln und Maismehlklöße serviert.

Selbst hier hatte Mandy Chance nicht für sich allein. New Madrid gehörte zwar nicht mehr zu Chances Wahlbezirk, aber er war hier ebenso bekannt wie in Sikeston, und immer wieder kamen Leute zu ihnen an den Tisch, um mit ihm zu sprechen und ihm Glück für die Wahl zu wünschen. Der Besitzer des Restaurants wollte Chance beeindrucken und sorgte daher dafür, daß ihre Portionen größer als gewöhnlich ausfielen. Mandy wollte sich für die Geste revanchieren und fühlte sich verpflichtet, soviel wie möglich zu essen. Daher war sie mehr als satt, als sie wieder in den Wagen einstiegen, um zurückzufahren.

»Mein Gott, das war einfach zuviel«, sagte sie und lehnte sich im Sitz zurück.

»Ach, das ist gut für Sie«, sagte Chance. »Alle Ärzte sagen, man sollte die Hauptmahlzeit um die Mittagszeit zu sich nehmen.«

»Daß das meine Hauptmahlzeit war, kann ich Ihnen garantieren«, sagte Mandy. »Oder meinen Sie, ich könnte heute noch einmal ein großes Abendessen zu mir nehmen? Wahrscheinlich esse ich gar nichts mehr.«

»Warum lehnen Sie sich nicht einfach zurück und entspannen sich?« sagte Chance. »Ich suche ein wenig angenehme Musik im Radio.«

Er schaltete das Radio an und suchte einen Sender.

»*Luciano Todaro*«, sagte plötzlich die Stimme eines Sprechers.

Mandy war sofort hellwach.

»Chance, was war das? Wovon spricht er?«

Chance suchte die Station wieder.

»Abner Poole war bei der Straßenbaubehörde beschäftigt. Er hatte daher Zugang zu den Akten, aus denen Anhaltspunkte für einen möglichen Betrug bei der Vergabe des Bauauftrags an die Firma Todaro an die Öffentlichkeit gekommen sein könnten. Mr. Poole wurde als Informationsquelle für eine von Miß Mandy Powers verfaßte Artikelserie im Bootheel Examiner *genannt, eine Tageszeitung aus Sikeston, der Operationsbasis von Luciano ›Luke‹ Todaro. Mr. Poole soll außerdem auch dem Kandidaten für das Senatorenamt, Chance Bailey, Informationen geliefert haben. Weder Miß Powers noch Mr. Bailey haben bisher Stellung nehmen können.«*

»Chance, wovon redet er denn bloß? Weshalb sollen wir Stellung nehmen?« fragte Mandy. Ihr erster Gedanke war, daß Luke etwas passiert war. Er war nach Jefferson City geflogen – ein Absturz vielleicht?

Mandy spürte, wie sich in ihr eine lähmende Angst ausbreitete. Sie war als kleines Mädchen einmal von einem Baum gestürzt und hatte danach kurz keine Luft bekommen. Es war ein schreckliches Gefühl gewesen, dazuliegen, verzweifelt nach Luft zu schnappen und dabei zu fürchten, sie würde nie wieder atmen können. So ähnlich fühlte sie sich auch jetzt.

»Nach einer soeben bekanntgegebenen Verlautbarung des Staatsanwalts werden alle möglichen Anstrengungen zur Aufklärung des Mordes an Mr. Poole unternommen werden. Soweit die Nachrichten von der Station Missouri. Eine Wiederholung dieser Meldung folgt in Kürze.«

Darauf wurde ein Werbespot für Bier eingeschoben.

»Es geht um Poole«, sagte Chance. »Todaro hat Poole ermordet.«

»Nein«, sagte Mandy. »Das kann nicht stimmen.«

»Darauf können Sie wetten«, sagte Chance. »Nur Pech, daß er nicht in Jefferson City ist. Dann hätten wir ihn.«

»Er *ist* in Jefferson City«, sagte Mandy.

»Was?«

»Luke Todaro ist in Jefferson City. Er ist heute früh hingeflogen.«

»Sind Sie sicher? Woher wissen Sie das?«

»Ich weiß es eben«, sagte Mandy.

»Ha!« sagte Chance und schlug sich mit einer Faust in die Hand.

»Wir haben ihn, Mandy. Wir haben ihn! Er hat Poole ermordet, das ist so sicher wie das Amen in der Kirche.«

»Nein«, sagte Mandy. »Nein, Chance, das glaube ich einfach nicht. Das – das kann nicht wahr sein.«

»Was soll das heißen, kann nicht wahr sein?« fragte Chance. »Mandy, Sie haben doch Nachforschungen über diesen Mann angestellt. Wenn irgend jemand auf der Welt weiß, wozu er fähig ist, dann sind Sie das. Moment mal, da kommt die Wiederholung der Meldung.«

»*Hier die Wiederholung der letzten Meldung*«, sagte der Sprecher. »*Um ungefähr 10.45 Uhr heute morgen raste ein relativ neuer schwarzer Oldsmobile oder Buick mit hoher Geschwindigkeit an der Vorderfront des Staatsregierungsgebäudes vorbei. Eine Leiche wurde aus dem Wagen auf die Vortreppe geworfen. Es stellte sich heraus, daß es die Leiche von Abner Poole war, der bei der Untersuchung der Vorgänge um die Vergabe des Poplar-Bluff-Bauauftrags eine zentrale Rolle gespielt hatte. Poole wurde mit einer kleinkalibrigen Pistole, wahrscheinlich vom Kaliber .22, in die Schläfe geschossen. Nach Auskunft eines Untersuchungsbeamten, der nicht genannt werden möchte, ist die Pistole vom Kaliber .22 in Gangsterkreisen für Mordaufträge sehr beliebt, weil sie so klein ist.*«

»O mein Gott«, entfuhr es Mandy plötzlich.

»Was ist denn?« fragte Chance.

»Benny Carrell.«

»Wer?«

»Benny Carrell«, sagte Mandy. »Chance, haben Sie schon einmal von ihm gehört?«

»Natürlich habe ich von ihm schon gehört«, sagte Chance. »Er ist doch die zentrale Figur der Unterwelt von St. Louis.«

»Würde er – Chance, ist er jemand, der eine .22er für einen Mord benutzen würde?«

»Ohne mit der Wimper zu zucken«, sagte Chance. »Was hat das aber mit unserer Sache zu tun?«

»Eine ganze Menge, fürchte ich. Chance, Marcello Todaro hat Luke gesagt, Benny Carrell sei ihm ›noch etwas schuldig‹, und daß er Benny nach Jefferson City schicken würde, um dort etwas für ihn zu erledigen.«

»Woher wissen Sie das?« fragte Chance überrascht.

»Das möchte ich lieber nicht sagen«, antwortete Mandy.

»Würden Sie das auch vor Gericht aussagen?«

»Ach, Chance, ich weiß es nicht. Ich meine, das ist doch nicht wirklich ein Beweis, oder? Ich wüßte das doch bloß aus zweiter Hand, nicht wahr?«

»Wenn *ich* das vor Gericht wiederholen würde, wäre es aus zweiter Hand. Wenn Sie es aber beeiden und dazu erklären würden, woher Sie die Information haben, hätte es Beweiskraft.« Chance lächelte. »Oh, Mandy, das ist einfach perfekt, nicht wahr? Wir haben ihn! Wir haben ihn genau dort, wo wir ihn wollen.«

»Ich fahre besser gleich in die Redaktion zurück«, sagte Mandy. »Jack fragt sich sicher schon, wo ich bin.«

»Vielleicht macht er auch noch mehr.«

»Wie meinen Sie das?«

»Na ja, wenn Sie nahe genug bei Todaro waren, um ein solches Telefongespräch mitzubekommen, dann waren Sie auch in echter Gefahr. Ich nehme an, Jack macht sich ihretwegen große Sorgen, und das zu Recht. Hören Sie, Mandy, wenn Ihnen jetzt etwas passieren würde, das – das würde ich nicht überleben. Besonders, weil ich weiß, daß es meine Schuld war.«

»Wieso Ihre Schuld?«

»Ich habe Sie schließlich dazu gebracht, mit dieser Artikelserie anzufangen. Wissen Sie das denn nicht mehr?«

»Ach so.«

»Was ich damit sagen will, ist, daß wir vielleicht beide die Gefährlichkeit von Todaro unterschätzt haben. Wir sehen Filme wie *›Der Pate‹* und lesen in Büchern über die Mafia und wir meinen, so etwas kommt in der Wirklichkeit nicht vor, aber gerade haben wir das Gegenteil gehört. Ein Mann ist ermordet worden, und meiner Ansicht nach kann absolut kein Zweifel daran bestehen, wer dafür verantwortlich ist. Dahinter steckt Luke Todaro, und das bedeutet, daß Sie äußerst vorsichtig sein müssen, Mandy.«

Jack legte gerade den Telefonhörer auf, als Mandy in die Redaktion kam.

»Wo zum Teufel haben Sie gesteckt?« fragte er gereizt. Mandy wußte, daß er im Grund nur deshalb so schlecht gelaunt war, weil er sich um ihre Sicherheit Gedanken gemacht hatte.

»Ich war mit Chance in New Madrid zum Essen«, sagte sie.

»Haben Sie es schon gehört?«

»Daß Poole ermordet worden ist? Ja, im Autoradio.«

»Nicht nur Poole«, sagte Jack.

»Nicht nur Poole? Was soll das heißen? Was ist denn sonst noch passiert?«

»Mike Swain, unser Korrespondent in Jefferson City«, sagte Jack. »Sie erinnern sich doch noch, der Mann, der Aufträge für Sie erledigen sollte? Sie haben ihn gerade in seinem Apartment gefunden. Er ist durch einen Schuß in die Schläfe mit einer .22er ermordet worden.«

Mandy wurden die Knie weich, und sie setzte sich auf den nächstbesten Stuhl.

»Mein Gott, Jack, was ist eigentlich los hier? Was geht hier vor sich?«

»Ich will Ihnen sagen, was vor sich geht«, sagte Jack. »Luke Todaro ist völlig übergeschnappt, das geht vor sich. Er weiß, daß er in der Untersuchung keine Chance hat, und deshalb zahlt er es allen heim, die etwas damit zu tun hatten, daß aus dem Geschäft nichts geworden ist. Das gilt auch für Sie.«

»Nein«, sagte Mandy. »Nein, das kann ich nicht glauben.«

»Es wird Ihnen kaum etwas anderes übrigbleiben«, sagte Jack. »Und jetzt möchte ich von Ihnen wissen, warum Sie sich nach Benny Carrell erkundigt haben.«

»Ich wollte mich einfach nur über ihn informieren«, sagte Mandy. »Ich wollte wissen, wer er ist.«

»Aber wie sind Sie denn auf ihn gekommen? Wie sind Sie auf seinen Namen gestoßen?«

»Es ist mir gelungen, ein Telefongespräch abzuhören, in dem sein Name genannt worden ist«, sagte Mandy. »Es war ein Anruf von Marcello Todaro.«

»Mein Gott, wo haben Sie das Gespräch abgehört?«

Mandy seufzte. »Das möchte ich lieber nicht sagen«, antwortete sie. »Zumindest jetzt noch nicht. Ich möchte mich dabei auf die Vertraulichkeit meiner Informationen berufen.«

»Meine Liebe, Sie wissen doch wohl, daß das juristisch völlig irrelevant ist, oder?«

»Doch, das weiß ich«, sagte Mandy. »Ich habe aber einen persönlichen Grund dafür, daß ich es nicht sagen möchte. Bitte fragen Sie mich nicht weiter danach.«

»Also gut, dann will ich es erst einmal auf sich beruhen lassen«, sagte Jack. »Wenn Sie aber jemals das Gefühl bekommen sollten, daß Sie gern darüber reden möchten, bin ich immer für Sie da. Das wissen Sie doch hoffentlich, nicht wahr?«

»Vielen Dank«, sagte Mandy. Sie konnte ein Schluchzen kaum unterdrücken. »Warum muß bloß immer alles so kompliziert sein? Luke sagt, er liebt mich, und Chance sagt auch, er liebt mich.«

»Und Sie?«

»Ich – ich weiß es nicht. O Jack, ich glaube, ich bin in Luke verliebt, aber wie ist das nur möglich? Wenn er all das wirklich getan hat, kann ich doch unmöglich verliebt in ihn sein, oder?«

»Meine beste Mandy, Liebe kommt aus dem Herzen und nicht aus dem Kopf«, sagte Jack. »Keiner weiß das besser als ich.«

»Entschuldigung, Jack«, sagte Mandy; seine Geschichte von seiner verlorenen vietnamesischen Geliebten war ihr wieder eingefallen.

»Erzählen Sie mir über Marcellos Anruf, was Sie können.«

»Marcello hat gesagt, er hätte sich mit Benny Carrell in Verbindung gesetzt, damit der in Jefferson City für ihn ›einige Dinge‹ erledigt.«

Jack seufzte. »Also doch«, sagte er. »Ein Beweis ist das natürlich nicht, aber für mich ist damit die Sache klar. Luke Todaro ist ein gefährlicher Bursche. Weiß er, daß Sie das Gespräch abgehört haben?«

»Nein«, sagte Mandy.

»Damit sind Sie vorläufig noch sicher. Wissen Sie bestimmt, daß der Anrufer den Namen Benny Carrell genannt hat?«

»Ja«, sagte Mandy.

»Mandy, Sie dürfen sich auf keinen Fall noch einmal mit Todaro treffen. Wenn er auch nur den leisesten Verdacht hat, daß Sie von dem Anruf wissen, könnte Ihr Leben in großer Gefahr sein.«

11

Mandy nahm ein langes und genüßliches, parfümiertes Schaumbad. Danach frottierte sie sich trocken, zog ihren seidenen Bademantel über und ging in ihr Schlafzimmer. Dort stellte sie sich vor ihren Toilettenspiegel, zog die Nadeln, mit denen sie ihr Haar hochgesteckt hatte, heraus und ließ ihre langen, goldenen Locken herunterfallen. Sie begann, sich Feuchtigkeitscreme im Gesicht aufzutragen und dachte dabei über die Ereignisse der vergangenen Woche nach.

Sie hatte sich beharrlich geweigert, Lukes Anrufe anzunehmen, obwohl er verschiedene Male versucht hatte, sie zu erreichen. In der Redaktion war das leicht, denn dort hatten alle die Anweisung erhalten, ihn auf keinen Fall mit ihr zu verbinden. Die Anrufe in ihrer Wohnung machten ihr mehr Schwierigkeiten. Jedesmal, wenn das Telefon klingelte, sah sie es ängstlich an und ließ es zwei- oder dreimal länger als gewöhnlich läuten, bis sie endlich den Mut fand, den Hörer abzunehmen. Sie konnte es nicht einfach klingeln lassen, denn es gab berufliche und persönliche Anrufe, die sie beantworten wollte.

Es war nun eine Woche her, seit Luke sie in seinem eigenen Schlafzimmer zurückgelassen hatte, um nach Jefferson City zu fliegen. Während dieser Zeit hatten zwei Männer, die mit der Angelegenheit in Verbindung standen, den Tod gefunden – beide ermordet. Gerüchten zufolge würde Anklage gegen Luke Todaro erhoben werden, obwohl das bisher noch nicht geschehen war. In gewisser Beziehung fühlte sich Mandy für die Ereignisse verantwortlich. Wenn sie ihre Artikelserie nicht begonnen hätte, wären die beiden Männer noch am Leben, die einhundertfünfzig arbeitslosen ehemaligen Beschäftigten Todaros hätten noch ihre Stelle, die Firma wäre noch ein florierendes Unternehmen, und Luke Todaro müßte nicht mit einer Anklage rechnen.

Und sie wäre nicht in ihn verliebt.

Warum war ihr dieser letzte Gedanke gekommen? Sie war nicht in ihn verliebt. Wie konnte man in einen Mann wie ihn verliebt sein?

Sie konnte die Sache natürlich auch logisch betrachten. Wenn sie die Artikel nicht geschrieben hätte, hätte es jemand anderer getan, und alles wäre unverändert.

Nein, nicht ganz.

Wenn sie die Artikel nicht geschrieben hätte, hätte sie Luke Todaro nie kennengelernt, und wenn sie ihn nicht kennengelernt hätte, hätte sie auch nicht mit ihm Stunden der Leidenschaft erlebt.

Das nämlich war es gewesen, und nicht mehr. Sie liebte Todaro nicht wirklich. Sie hatte ihn begehrt, aber Leidenschaft war nicht Liebe. Zwischen den beiden Gefühlen gab es einen Riesenunterschied.

Außerdem mußte sie sich noch Gedanken über Chance Bailey machen.

Die Republikanervereinigung von Scott County gab heute abend im Holiday Inn einen Empfang zu Ehren des Gouverneurs. Offiziell galt er zwar dem Gouverneur, aber es war ein offenes Geheimnis, daß der eigentliche Ehrengast Chance Bailey sein würde. Der Gouverneur wollte ihn in seinem Wahlkampf unterstützen.

Mandy strengte sich besonders an, sich für diese Gelegenheit schön zu machen, und zwar nicht wegen ihrer politischen Bedeutung, sondern aus einem anderen Grund. Sie hatte beschlossen, Chance Bailey heute abend zu sagen, daß sie ihn heiraten würde. Das würde all die lästigen Gedanken an Luke Todaro ein für allemal aus ihrem Kopf verbannen. Sie konnte schließlich kaum an ihn denken, wenn sie Vorbereitungen traf, Chances Antrag anzunehmen, oder?

Nein, natürlich nicht, beantwortete sie ihre eigene Frage.

Mandy betonte mit ihrem Augenbrauenstift die natürliche Kurve ihrer Augenbrauen. Dann kam das Augen-Make-up. Sie wählte Creme-Braun und weiche Gold- und Beige-Töne. Danach trug sie braunes Maskara auf. Nachdem sie mit geschickter Hand ihre Wimpernbürste benutzt hatte, sahen ihre Augen größer als je zuvor aus, und durch die Goldtönung des Make-up wurden sie noch besonders betont.

Ihre sowieso schon vollen Lippen wurden durch einen glänzenden Lippenstift in einem satten Rot von der Farbe eines Glases Bordeaux hervorgehoben, der genau zu dem Nagellack paßte, den sie gerade gekauft hatte. Heute abend würde Mandy beim Empfang des Gouverneurs zu Ehren von Chance ohne jeden Zweifel auffallen.

Die Wahl ihrer Kleidung bereitete ihr keine Schwierigkeiten. Sie zog ihr Lieblingskleid aus feinem Seidenjersey an, das elegant, zugleich aber auch sexy war, denn es lag an den richtigen Stellen eng an. Es hatte einen aufreizend, tiefen, gewickelten Ausschnitt, der sich ihren Körperbewegungen anpaßte. Manchmal zog er sich gefährlich weit auseinander und gab fast ihre Brüste frei, aber da sie das wußte, konnte sie sich darauf einstellen und Zwischenfälle verhindern.

Nach ihrem Kleid zog sie sich Seidenstrümpfe mit einem leichten Goldton an, und dann schlüpfte sie in ihre hochhackigen Satinsandalen in dem gleichen Pfirsich-Ton wie ihr Kleid. Die Krönung des Ganzen bildete eine lange Goldkette um ihren Hals, die mit ihrem Leuchten ihren perfekten Teint betonte.

Das Telefon klingelte. Der plötzliche schrille Ton durchbrach ihren ruhigen Abend und erschreckte sie, und sie ließ ihr Augen-Make-up fallen, das sie gerade wegräumen wollte.

Wieder klingelte es eindringlich, und dann noch einmal. Mandy starrte das Telefon an und wünschte sich, sie hätte die Willenskraft, überhaupt nicht abzuheben. Schließlich nahm sie beim sechsten Klingelzeichen ab, hielt sich den Hörer an das Ohr und wartete wortlos.

»Mandy? Mandy, ich bin's, Luke. Sag doch etwas, um Gottes willen! Bitte leg nicht auf! Sprich mit mir!«

Mit zitternden Händen legte Mandy den Hörer auf, sah ihn aber weiter angstvoll an, als würde er gleich weitersprechen.

Der gequälte Tonfall von Lukes Stimme tat ihr im Herzen weh. Ein Teil von ihr hatte Mitleid mit diesem Mann in seiner Qual, aber zugleich verspürte sie auch Angst vor ihm, denn ihre Beziehung zu ihm hatte die düsterste Seite ihres Verlangens ans Tageslicht gebracht. Selbst jetzt, nach allem, was sie von ihm wußte, forderte sie noch immer eine Stimme in ihr auf, zu ihm zu gehen. Was war das nur? Warum geriet trotz ihres Wissens um die Gefahr, die er für sie bedeutete, allein bei dem Gedanken an ihre gemeinsame Liebesnacht ihr Blut in Wallung?

Genau in diesem Augenblick klingelte es an der Tür, und sie zuckte angstvoll zusammen. War das Luke? Das war unmöglich, nachdem er sie gerade erst angerufen hatte.

»Mandy?«

Mandy seufzte erleichtert auf. Es war die Stimme von Chance.

»Ich komme sofort, Chance«, sagte sie, ging zur Tür, schob den Riegel zurück und ließ Chance ein.

»Meine Herrn!« sagte Chance, als er sie sah. »Ich habe in meinem ganzen Leben noch nie eine so schöne Frau gesehen.«

»Vielen Dank, Chance«, sagte Mandy; sie freute sich ehrlich über seine Reaktion.

»Sind Sie fertig?« fragte Chance und lachte. »Natürlich sind Sie fertig. Perfektion läßt sich schließlich nicht mehr verbessern! Es tut mir nur leid, daß ich Sie mit dem Gouverneur und den anderen teilen muß.«

»Wir werden doch sicher auch ein paar Momente allein sein können«, sagte Mandy.

»Ich werde persönlich dafür sorgen«, versprach Chance.

Das Holiday Inn stand an der Kreuzung der Bundesstraße 60 und 61, und direkt gegenüber auf der anderen Seite der Kreuzung standen die Gebäude und Lagerhallen der Baufirma Todaro. Mandy sah zu ihnen hinüber, als sie in den Hotelparkplatz einbogen.

»Ha!« sagte Chance, als er bemerkte, wohin sie sah. »Da drüben ist ja jetzt alles ruhig. Auf Anordnung der Regierung ist die gesamte Firma geschlossen worden, und das steht auch auf den Schildern dort am Zaun.«

»Na schön, aber heute abend wollen wir doch an andere Dinge denken als an Luke Todaro«, sagte Mandy. »Wenn es Ihnen nichts ausmacht, möchte ich darüber nicht sprechen.«

»Aber sicher«, sagte Chance lächelnd. »Ich werde meine Lippen über ihn ebenso schließen wie die Regierung seine Firma.«

Chance ging um das Auto herum, um Mandy die Tür zu öffnen, und dann begleitete er sie durch die Eingangshalle des Holiday Inn zu dem Holidome beim Schwimmbekken, wo der Empfang stattfand.

Dort waren zwei- oder dreihundert Menschen versammelt, und als Chance und Mandy hereinkamen, begannen die Gäste in der Nähe der Tür zu applaudieren. Chance lächelte und winkte ihnen zu.

»Hallo, Chance, wenn Sie sie am Wahltag in den Wahllokalen herumführen, garantiere ich Ihnen einen Sieg«, rief jemand. Alle lachten, und Mandy wurde rot. Der Gouverneur kam zu ihnen herüber. Er schüttelte Chance die Hand und musterte Mandy.

»Ich bin ganz seiner Meinung«, sagte der Gouverneur. »Es wäre nur eine Schande, sie für den Senat des Staats zu verschwenden. Der US-Senat wäre vielleicht eher angebracht. Wenn es mir in den Sinn kommt, bitte ich Sie vielleicht sogar, sie mir auszuleihen.«

»Tut mir leid, aber daraus wird nichts, Gouverneur«, sagte Chance. Er sah Mandy an. »Sie gehört nicht mir, und deshalb kann ich sie auch nicht ausleihen, aber selbst wenn sie mein wäre, würde ich sie nicht hergeben.«

Mandy war von Chances Bemerkung seltsam gerührt, und zwar nicht davon, daß er sie nicht ausleihen würde, sondern daß sie ihm nicht gehörte. Das bekräftigte ihre Entscheidung, ihm zu sagen, sie wolle seine Frau werden.

»Nun, Miß Powers, Sie wissen wahrscheinlich selbst, daß Sie zu einer der bekanntesten Reporterinnen im ganzen Staat geworden sind«, sagte der Gouverneur. »Ihre Artikelserie ist wirklich brillant! Herzlichen Glückwunsch!«

»Vielen Dank«, sagte Mandy. »Aber ehrlich gesagt wünsche ich mir jetzt, ich hätte nie damit angefangen, weil dann vielleicht Mr. Poole und Mr. Swain noch am Leben wären.«

»Unsinn, meine Liebe. An diesen Tragödien haben Sie wirklich keine Schuld«, sagte der Gouverneur. »Eine Untersuchung war unausweichlich, und dabei kommt es manchmal zu solchen Dingen. Ich mache mir ehrlich gesagt Gedanken um Ihre Sicherheit und habe der Polizei von Sikeston und dem Sheriff von Scott County jede mögliche Unterstützung zugesagt, um sicherzustellen, daß Ihnen nichts passiert. Ich hoffe nur, Sie gehen keine törichten Risiken ein.«

»Ich gehe überhaupt keine Risiken ein«, sagte Mandy.

»Gut«, sagte der Gouverneur. »Gut für Sie.«

»Herr Gouverneur, würden Sie bitte einen Moment hierherkommen?« rief Peter Hawkins. »Hier sind einige Leute, die ich Ihnen vorstellen möchte.«

Der Gouverneur lächelte Mandy zu.

»Wenn Sie mich bitte entschuldigen wollen«, sagte er. »Manchmal macht es ja Spaß, Gouverneur zu sein, aber meistens ist es eine große Last.«

Der Gouverneur ging weg, und einen Augenblick später wurde auch Chance weggerufen. Mandy ging zum kalten Buffet, holte sich einen kleinen Plastikbecher Wein, stellte sich neben das überdachte Schwimmbekken, sah nachdenklich darüber und nippte an ihrem Wein.

»Ganz schön was los hier, was?« sagte eine Stimme.

»Hallo, Jack«, sagte Mandy, als ihr Chefredakteur sich neben sie stellte.

»Sie sehen bedrückt aus. Soll ich Sie etwas aufheitern?«

»Besten Dank auch«, sagte Mandy sarkastisch. »Ich gebe mir die größte Mühe, um mich schön zu machen, und da kommen Sie her und sagen, ich sehe bedrückt aus.«

»Das hat mit Ihrem guten Aussehen doch nicht das geringste zu tun«, sagte Jack. »Tatsache ist, daß ich mir wünsche, ich wäre zwanzig Jahre jünger, so, wie Sie aussehen.«

»Vielen Dank für das Kompliment«, sagte Mandy. »Aber Sie brauchen mich wirklich nicht aufzuheitern. Ich bin nur etwas – angespannt, das ist alles, aber aufzuheitern braucht mich niemand.«

»Versucht Todaro immer noch, Sie anzurufen?«

»Ja«, sagte Mandy. Sie seufzte. »Heute abend hat er wieder angerufen, bevor ich weggegangen bin.«

»Was wollte er denn?«

»Ich weiß es nicht. Ich habe ihm keine Möglichkeit gegeben, etwas zu sagen«, sagte Mandy.

»Das ist wohl am besten so«, sagte Jack. »Ich habe ihn heute nachmittag gesehen. Er sah wirklich schlecht aus.«

»Schlecht? Wie meinen Sie das?«

»Na, eben schlecht. Er hat sich seit einer Woche nicht mehr rasiert, und das sieht ihm gar nicht ähnlich.«

»Ja, ich kann mir vorstellen, es kann einem Mann schon nahegehen, wenn man ihm die Firma dichtmacht. Es tut mir leid, aber wenn er sie mit Betrug aufgebaut hat, dann hat er sie von vornherein nicht verdient gehabt.«

»Oh, da bin ich ganz Ihrer Meinung«, sagte Jack. »Das seltsame dabei ist nur, daß es ihm gar nicht aus geschäftlichen Gründen so schlecht geht.«

»So? Weshalb denn sonst?«

»Ich glaube, weil er Sie verloren hat«, sagte Jack zögernd.

Mandy schnappte nach Luft.

»Da – damit täuschen Sie sich, Jack«, sagte sie schließlich. »Ich habe ihm nie gehört, und deshalb konnte er mich auch nicht verlieren.«

»Das wußten Sie vielleicht, aber Todaro wahrscheinlich nicht«, sagte Jack.

»Na, dann wird er ja bald dahinterkommen«, sagte Mandy.

»So?«

»Ich werde Chance heute abend sagen, daß ich ihn heiraten werde.«

»Lieben Sie ihn?«

»Ich ...« begann Mandy, stockte aber dann und sah Jack an. »Ich glaube nicht, daß Sie das etwas angeht.«

»Wahrscheinlich haben Sie recht, Entschuldigung«, sagte Jack. »Damit haben Sie meine Frage aber trotzdem beantwortet.«

»Wieso?«

»Wenn Sie ihn lieben würden, würden Sie das einfach sagen, und nicht, daß mich das nichts angeht. Sie wollen den Mann schließlich nach Ihren eigenen Worten heiraten.«

»Ja, ich liebe ihn«, sagte Mandy.

»Ich hoffe, Sie werden sehr glücklich, Mandy«, sagte Jack. Er sah sie einen Moment an, und dann legte er seine Arme um sie und zog sie an sich. »Ich hoffe wirklich, daß Sie glücklich werden.«

Der Empfang ging noch eine Weile weiter. Die Gäste versammelten sich zu kleinen Grüppchen, tauschten ein paar Höflichkeitsfloskeln und Scherze aus, lachten laut und schlossen sich dann wieder anderen Grüppchen an, um das Ganze zu wiederholen. Schließlich suchte sich Chance einen Weg durch die Menge zu Mandy.

»Haben Sie das vorher ernst gemeint, als Sie sagten, Sie wollten heute abend auch gern einmal mit mir allein sein?«

»Ja«, sagte Mandy. »Ich möchte mit Ihnen reden.«

»Also gut«, sagte Chance und drückte ihr verstohlen einen Schlüssel in die Hand. »Gehen Sie in dieses Zimmer. Ich komme in ein paar Minuten nach.«

Mandy sah sich den Schlüssel an. Das Zimmer war draußen, ganz am anderen Ende des Hotels. Sie lächelte. Chance hatte wirklich nicht zuviel versprochen, als er gesagt hatte, er würde dafür sorgen, daß sie allein sein könnten. Mehr Abgeschiedenheit hätten sie auch auf der Rückseite des Mondes kaum finden können.

Mandy verließ den überfüllten Empfang und ging zu dem Zimmer. Bevor sie hineinging, sah sie sich um, ob sie auch von niemandem beobachtet worden war, und dann lächelte sie über ihre übertriebene Vorsicht. Sie suchte schließlich nur einen Platz, wo sie Chance ungestört sagen konnte, daß sie ihn heiraten würde.

Sobald Mandy aber die Tür hinter sich zugemacht hatte, wurde es ihr bewußt, daß sie sich selbst gegenüber nicht ganz ehrlich gewesen war. Sicher, sie wollte ungestört mit Chance sprechen können, aber zugleich wollte sie ihm auch Gelegenheit geben, sie zu demselben Gipfel der Leidenschaft zu erheben, den sie zusammen mit Luke erreicht hatte. Wenn ihm das gelingen würde, dann würde sie wissen, daß Lukes Attraktivität für sie nur sexueller Natur war.

Mandy schaltete die Lichter in dem Hotelzimmer nicht an. Sie setzte sich auf die Bettkante, und einige Momente später hörte sie ein leises Klopfen an der Tür.

Mandy sah durch den Spion hinaus, und Chance stand vor der Tür. Als sie sie ihm aufmachte und er hereinkam, sah sie, daß er eine Flasche Sekt mitgebracht hatte.

»Sekt?« fragte sie ihn mit einem leichten Lächeln.

»Das war ein erfolgreicher Tag für mich«, sagte Chance. »Ich habe die Unterstützung des Gouverneurs, und außerdem habe ich die schönste Frau der Welt zu dem Empfang mitgebracht.«

»Vielleicht ist die Erfolgskette noch nicht zu Ende«, sagte Mandy.

Chance war mit dem Korken beschäftigt.

»Wie meinen Sie das?« fragte er. Der Korken flog mit einem Knall heraus, und er mußte die Flasche in einen leeren Eiseimer stellen, um den überlaufenden Sekt aufzufangen.

»Ich werde dich heiraten, Chance«, sagte Mandy leise.

»Was?« fragte Chance mit einer noch leiseren Stimme zurück.

»Du hast schon richtig gehört«, sagte Mandy. Sie ging zu ihm hin und küßte ihn. Sie zwang sich dazu, sich in dem Kuß völlig gehenzulassen und ihre Gefühle in einem fast verzweifelten Flehen um Erfüllung so weit zu führen, wie ihr das möglich war.

Chance erwiderte freudig ihren Kuß, und sie spürte ein willkommenes Schwindelgefühl von Erregung. Es unterschied sich jedoch von dem, das sie bei ihrem vorausgegangenen erotischen Erlebnis gehabt hatte; es war zwar fast ebenso erregend, aber der Reiz der Gefahr fehlte dabei.

Chance folgte mit seinen Lippen und seiner Zunge ihrem Beispiel, ein Feuer breitete sich mit verblüffender Schnelligkeit in ihr aus, und sie hatte das Gefühl, als würde sie von den Flammen ihres Verlangens verzehrt.

Obwohl sie nun schon fast drei Monate miteinander befreundet waren, hatten sie in ihrer Beziehung nie vorher auch nur ansatzweise den Punkt erreicht, an dem ihre Erfahrungen heute abend begannen. Trotzdem zeigten Chances Hände, die bei ihr bisher immer so zurückhaltend und höflich gewesen waren, nun eine Geschicklichkeit und Selbstsicherheit, die Mandy neu war und die die bereits entfachten Flammen noch höher lodern ließen.

Mit leichten, mühelosen Bewegungen löste er ihre Kleider von ihr, bis sie das Bett an ihrem nackten Rücken spürte. Chance kam zu ihr, und sie spürte seine Hände auf ihren Brüsten, die mit ihren stürmischen Liebkosungen ihre empfindlichen Nippel wie Beeren aufrichteten.

Chances Mund verließ ihre Lippen, und sie neigte

ihren Kopf zurück, um ihm den Weg zu ihrer Kehle freizugeben.

Seine Hände glitten über ihren Körper und entfachten tausend Feuer in ihrer Haut. Wogen von Ekstase schlugen über ihr zusammen, die wie die Bilder eines Kaleidoskops immer wieder anders waren.

Chance brachte seinen Körper über ihr in Position, sie spürte ihn über sich, und dann senkte sich sein Gewicht auf sie. In dem kritischen Augenblick der Verbindung schien sie ein Feuerstrahl zu durchzucken, heiß genug, um eine Rakete zu zünden, und diese Rakete katapultierte ihren Körper in den Raum. Sie hatte das Gefühl, als würde sie jegliche Kontrolle über sich selbst verlieren, und sie ließ sich gehen und unterwarf sich Chances Willen. Chance brachte sie von einer Ekstase zur anderen, stieß sich immer wieder in sie hinein und erweckte dabei eindringliche, fast schmerzhafte Gefühle, und es kam ihr vor, als würde sie eine neue und unbekannte Welt betreten.

Obwohl das Potential aber da war, erreichte sie nie ganz das Ziel, nie geschah es wirklich, bis sie in ihrem geistigen Auge nicht mehr Chance, sondern Todaro vor sich sah! Sie schloß in Angst und Scham die Augen, versuchte, Luke aus ihren Gedanken zu verbannen, aber es gelang ihr nicht, und als die Rakete endlich platzte und die Himmel mit ihrer herrlichen Pracht füllte, galten ihre Gedanken allein Luke.

»Wir sollten besser zurückgehen.«

»Was?«

Es war weniger als eine Minute her, seit Chance in zufriedener Erschöpfung auf sie gesunken war. Sobald sich sein Atem etwas beruhigt hatte, sprach er zu ihr.

»Zu dem Empfang«, sagte er. »Die anderen fragen sich bestimmt, wo wir sind.«

»Ja«, sagte Mandy. Chance machte ihr Platz, und sie richtete sich auf.

»Du hast mich sehr glücklich gemacht, Mandy«, sagte Chance. Er küßte sie leicht; seine Leidenschaft war offensichtlich völlig erschöpft. »Ich bin mit dem Anziehen schneller fertig als du«, sagte er. »Ich gehe schon vor.«

»Einverstanden«, sagte Mandy.

Einen Moment später war Mandy fertig angezogen. Hatte sie etwas bewiesen? Sie hatte bewiesen, daß Chance in ihr sexuelle Gefühle wecken konnte. Ihre Erregung war zwar ungeheuer gewesen, aber war es wirklich Chance gewesen, der dafür verantwortlich war? Oder war es vielleicht nur die Art von Erregung, die sie bei jedem gutaussehenden Mann hätte spüren können? Hatte sie nicht im Augenblick der größten Ekstase beinahe den Namen Lukes gerufen?

Nein, das hatte nichts zu bedeuten. Sie hatte an Luke gedacht, weil der heutige Abend praktisch ein Experiment von ihr gewesen war, ob sie Luke vergessen könnte. Was war es doch, was einer ihrer Professoren einmal von ihr verlangt hatte? Ach ja, er hatte ihr gesagt, sie solle nicht an ein blaues Pferd denken. Wie konnte sie danach nicht mehr an ein blaues Pferd denken, nachdem er ihre Gedanken darauf gerichtet hatte? Genau das war natürlich der Punkt. Hatte sie mit Luke nicht das gleiche getan? Ihr Liebesspiel mit Chance hatte sie erregt, wirklich erregt. Dann hatte sie sich selbst befohlen, nicht an Luke Todaro zu denken. Mandy lachte. Das war alles, was dahintersteckte. Sie hatte sich selbst bewiesen, daß sie auf Chance ebenso sexuell reagieren konnte wie auf Luke. Das war also kein Problem.

»Mandy! Mandy!« rief Chances Stimme direkt vor der Tür.

»Ich bin fertig«, sagte Mandy. Sie öffnete die Tür und

fragte sich dabei, warum er so besorgt war. Sein Gesichtsausdruck verriet eine große Anspannung.

»Was gibt es denn?«

»Dein Auto«, sagte Chance.

»Mein Auto? Was ist damit?«

»Die Polizei ist da. Mandy, dein Auto ist gerade von einer Bombe zerstört worden. Jemand hat versucht, dich zu ermorden!«

12

Mandy konnte die Menschenansammlung vor ihrem Haus schon von weitem sehen. Chance hatte ihr angeboten, sie sofort herzufahren, und er war weggegangen, bevor der Empfang vorbei war. Mandy machte sich Gedanken um ihr Auto und nahm daher das Angebot an.

»O Chance, was ist hier nur los?« fragte Mandy, während sie durch die dunklen Straßen von Sikeston fuhren. »Kann das denn wirklich hier passieren? Ich bin in dieser Stadt aufgewachsen. Nach meinem Abschluß am College bin ich hierher zurückgekommen, weil ich hier leben wollte, und jetzt das alles! Ein Sprengstoffanschlag in Sikeston! Ich kann es nicht glauben. Ich kann es einfach nicht glauben.«

»Weißt du, Mandy, kürzlich habe ich mich mit dem Richter unterhalten, und er hat mir gesagt, neunzig Prozent aller Verbrechen hier würden ausbleiben, wenn nur zwanzig Leute in Sikeston verhaftet werden würden. Man kann natürlich nicht einfach herkommen und diese Leute verhaften; sie müssen zuerst ein Verbrechen begehen, das ihnen nachgewiesen werden kann. Die Gerichte und die Polizei wissen aber praktisch sofort, nachdem das Verbrechen passiert ist, wer es begangen hat. So ist eine Kleinstadt eben gesellschaftlich aufgebaut, und das ist der Grund dafür, daß wir hier nicht die gleichen Untersuchungsbehörden mit ihrer komplizierten Technik wie in den Großstädten brauchen. Dein Freund, Luciano Todaro, ist aber in dieser Gleichung eine unbekannte Größe, und wir müssen uns umstellen, bis wir ihn schadlos gemacht haben.«

»Ich kann es einfach nicht glauben, daß er es war«, sagte Mandy.

Chance sah zu ihr hinüber, und im Schein der Instrumentenbeleuchtung konnte sie seinen überraschten Gesichtsausdruck sehen.

»Wie kannst du das nur sagen?« fragte er. »Alles, was du über diesen Mann bisher herausgefunden hast, deutet doch darauf hin, daß er zu derartigen Schritten durchaus fähig ist.«

»Alles, außer meinen persönlichen Kontakten mit ihm«, sagte Mandy.

Chance deutete durch die Windschutzscheibe nach vorne. »Schau dir das an«, sagte er.

Vor dem Apartmentgebäude hatten sich viele Menschen auf dem Parkplatz versammelt. Außerdem standen da noch mindestens zwei Polizeiwagen, eine Ambulanz und ein Feuerwehrauto. Die roten und weißen Blinklichter malten unterschiedliche Farbflecken auf die Backsteinwände des Hauses und die Gesichter der Zuschauer.

Ein Polizist hob die Hand, um das Auto anzuhalten, als Chance auf die Einfahrt des Parkplatzes zufuhr.

»Tut mir leid, Leute, aber dieser Parkplatz ist geschlossen«, sagte er. »Sie werden Ihr Auto auf der anderen Straßenseite abstellen müssen.«

»Ich bin Chance Bailey, und das ist Miß Powers«, sagte Chance. »Wir haben einen Anruf bekommen, daß ihr Auto bei einer Explosion beschädigt worden ist.«

»Es ist ein blauer Lynx, Baujahr '83«, sagte Mandy.

Der Polizist zuckte die Achseln. »Aha, das war es also.«

»Soll das heißen, daß Sie es nicht wissen?« fragte Mandy.

»Ehrlich gesagt, Miß Powers, von dem Auto ist nicht mehr genug übrig, um das Modell ohne weiteres identifizieren zu können«, sagte der Beamte. »Das Kennzeichen hat die Nummer PHM-244, aber das wissen wir auch nur, weil das Nummernschild zufällig noch in einem Stück ist. Ist das Ihr Kennzeichen?« Der Polizist beugte sich herab, um in das Seitenfenster zu Mandys Seite hinüberzusehen.

»Ja, das ist meine Nummer«, sagte Mandy. »Kann ich mir meinen Wagen ansehen?«

»Ich fürchte, da ist nicht mehr viel, was Sie sich ansehen können«, sagte der Polizist. »Sie können aber trotzdem hereinfahren.« Er trat zur Seite und schob die Zuschauer auseinander, damit Chance hereinfahren konnte. Schließlich erreichten sie das Feuerwehrauto und kamen nicht mehr weiter.

»Hier werden wir aussteigen müssen«, sagte Chance.

Sobald Mandy ausgestiegen war, roch sie den Gestank von verbranntem Gummi und Lack, in den sich der Geruch des chemischen Löschmittels mischte, das die Feuerwehr eingesetzt hatte. Es war ein scharfer, unangenehmer Geruch. Sie ging um das Feuerwehrauto herum und schnappte bei dem Anblick, der sich ihr bot, erschreckt nach Luft. Ihr Auto bestand nur noch aus verkohlten, verbogenen Stücken, und obwohl ihr das der Polizist an der Parkplatzeinfahrt schon gesagt hatte, traf sie der konkrete Anblick doch unvorbereitet.

»Mein Gott!« sagte sie und drehte sich zu Chance um. »Mein Auto! Schau dir doch nur mein Auto an!«

Einer der Polizeibeamten kam auf sie zu.

»Miß Powers? Ich bin Sergeant Culpepper. Ich fürchte, da war für uns nichts mehr zu machen. Die Explosion hat Ihren Wagen vollständig zerstört. Wir konnten nur noch das Feuer löschen, damit die anderen Wagen auf dem Parkplatz nicht auch noch beschädigt wurden.«

»Sind Sie sicher, daß das eine Bombe war, Sergeant?« fragte Chance.

»Schauen Sie sich den Wagen doch an, Mr. Bailey«, sagte Sergeant Culpepper. »Was sollte denn sonst einen solchen Schaden anrichten?«

»Wahrscheinlich haben Sie recht«, sagte Chance. »Es fällt eben nur etwas schwer, das zu verstehen. Besonders, wenn man bedenkt, daß die Bombe ihr gegolten hat.«

»Nein, nicht unbedingt«, sagte Sergeant Culpepper.

»Was soll das heißen, nicht unbedingt? Ist ihr Wagen von einer Bombe zerstört worden oder nicht?«

»Ja, er ist von einer Bombe zerstört worden, aber ich glaube nicht, daß sie umgebracht werden sollte. Wenn der Täter das gewollt hätte, hätte er die Bombe so angebracht, daß sie hochgeht, wenn die Zündung angeschaltet wird. So hätte er auf jeden Fall die Person erwischt, hinter der er her war. Die Bombe hier aber ist einfach irgendwann am Abend detoniert. Zu der Zeit war niemand in dem Auto oder in seiner Nähe. Der Wagen stand einfach nur leer auf dem Parkplatz. Die Bombe war wahrscheinlich an eine Zeituhr angeschlossen, die so eingestellt war, daß bei der Explosion zwar viel Schaden angerichtet würde, aber keine Menschen verletzt würden.«

»Wenn der Attentäter Mandy nicht umbringen wollte, was hatte er sonst vor?«

»Ich weiß es nicht«, sagte Sergeant Culpepper. »Vielleicht wollte er ihr angst machen. Es gibt natürlich auch Leute, die solche Dinge tun, weil ihnen das Spaß macht.«

»Das ist hier nicht der Fall, das können Sie mir glauben«, sagte Chance. »Todaro geht aufs Ganze.«

»Todaro?«

»Luke Todaro«, sagte Chance.

Sergeant Culpepper rieb sich das Kinn und sah Mandy an.

»Hören Sie mal, wollen Sie damit sagen, daß Luke Todaro diese Bombe gelegt hat?«

»Nein«, sagte Mandy hastig. »Das ist ...«

»Sie will es vielleicht nicht sagen«, unterbrach sie Chance. »Aber ich schon. Ich habe keinerlei Zweifel darüber, wer der Täter ist. Überprüfen Sie die Sache, und Sie werden herausbekommen, daß Todaro dahintersteckt.«

»Warum soll Todaro denn den Wagen dieser Dame hochjagen wollen?«

»Das ist Miß Mandy Powers«, sagte Chance, als würde er einem Kind etwas erklären. »Sagt Ihnen der Name nichts?«

»Mandy Powers? Sie sind doch die Reporterin, nicht wahr?«

»Ja«, sagte Mandy.

»Ja, ich glaube, jetzt wird mir alles klar«, sagte er. »Sie haben über diesen Todaro doch eine Artikelserie geschrieben, nicht?«

»Ja«, sagte Mandy. In den ersten Augenblicken hatte sie sich nur über ihr Auto Gedanken gemacht, aber nun drang ihr langsam die Bedeutung von Chances Worten ins Bewußtsein. Vielleicht hatte die Bombe tatsächlich ihr gegolten. Der Gedanke ließ eine Übelkeit in ihr hochsteigen, und sie drückte eine Hand auf ihren Magen.

»Um Gottes willen, Miß, wird Ihnen schlecht?« fragte Sergeant Culpepper.

»Es geht schon wieder«, sagte Mandy.

In der Nähe stand eine große Schlauchtrommel der Feuerwehr. Chance führte Mandy zu der Trommel, und Sergeant Culpepper kam nach.

»Hier«, sagte Chance zu Mandy. »Setz dich hier hin.«

»Mr. Bailey«, sagte der Sergeant, »Mr. Todaro ist hier in der Stadt ein angesehener Unternehmer. Ich muß Ihnen sagen, daß es mir schwerfällt, zu glauben, daß er in so eine Sache verwickelt sein könnte.«

»Warum? Das ist doch eine typische Mafia-Operation, oder? Sind diese Leute nicht dafür bekannt, daß sie oft Bomben in Autos stecken?«

»Vielleicht, aber das sind Großstadtoperationen der Mafia. Wir sind aber hier eine Kleinstadt, und hier passieren solche Dinge nicht. Seien Sie doch ehrlich! Sie glauben doch nicht wirklich, daß Luke Todaro so etwas versuchen würde, oder?«

»Fragen Sie Mike Swain«, antwortete Chance.

»Wer ist Mike Swain?«

»Ein Reporter aus Jefferson City, der mit Miß Powers zusammengearbeitet hat.«

»Und dieser Mike Swain könnte uns hier weiterhelfen?«

»Nicht mehr.«

»Wie meinen Sie das?«

»Er ist heute morgen ermordet worden.«

»Ermordet?«

»Es war ein typischer Mafia-Mord«, sagte Chance. »Den Leuten gefallen die Artikel nicht, die Mandy geschrieben hat.«

»Ist dieser Swain mit einer Auto-Bombe ermordet worden?«

»Nein, erschossen.«

»Also gibt es gar keine wirkliche Verbindung, oder?« sagte der Polizist.

»Was soll das heißen, keine wirkliche Verbindung?« fragte Chance wütend. »Verdammt noch mal, er hat Miß Powers bei ihren Artikeln über Mafia-Einflüsse bei der Vergabe des Poplar-Bluff-Bauvorhabens geholfen. Jetzt ist er tot. Miß Powers hatte außerdem noch eine Informationsquelle in der staatlichen Baubehörde, ein gewisser Poole, aber der ist auch tot. Er ist heute morgen auf die gleiche Art wie Mike Swain ermordet worden. Was brauchen Sie denn noch, bis Sie endlich einsehen, daß Mandy Powers in großer Gefahr schwebt? Und was werden Sie dagegen unternehmen?«

»Ich kann für den Rest der Nacht einen Beamten hierlassen«, bot Sergeant Culpepper an. »Ich weiß wirklich nicht, was ich sonst noch unternehmen soll.«

»Wäre es denn nicht viel einfacher, wenn Sie Luke Todaro verhaften und ins Gefängnis stecken würden?«

»Das können wir nicht, Mr. Bailey«, erklärte Sergeant Culpepper geduldig.

»Ich weiß, ich weiß«, sagte Chance und seufzte erbittert. »Die Lösung wäre viel zu einfach.«

»Mr. Bailey, Sie wissen doch, wie es ist«, sagte Sergeant Culpepper. »Wenn ich ihn ohne hieb- und stichfeste Beweise verhafte, wäre er in einer Stunde wieder frei, und ich bekomme einen Verweis, der sich gewaschen hat.«

»Ja, ja«, sagte Chance. »Ich weiß, wie es ist.« Er sah zu Mandy hinüber. »Soll ich bei dir bleiben?«

»Nein«, sagte Mandy.

»Wie wäre es mit deinen Eltern? Soll ich dich zu ihnen bringen?«

»Nein«, sagte Mandy. »Ich möchte sie nicht in die Sache hineinziehen.«

»Natürlich, da hast du recht«, sagte Chance. »Es hat keinen Sinn, wenn wir sie in Gefahr bringen. Ich mache mir nur Gedanken um dich, das ist alles.«

»Mir passiert schon nichts«, sagte Mandy.

»Ich komme noch kurz mit in dein Apartment hoch und sehe mich um«, bot ihr Chance an.

Mandy war von der ganzen Angelegenheit wie betäubt und ließ sich von Chance in ihr Apartment begleiten. Sie setzte sich im Wohnzimmer auf einen Stuhl, während Chance die gesamte Wohnung durchsuchte. Schließlich war er überzeugt, daß niemand darin versteckt war und kam zu ihr zurück.

»Hier bist du sicher«, sagte er. »Im Apartment ist niemand, und Sergeant Culpepper hat draußen direkt vor der Tür eine Wache aufgestellt, die die ganze Nacht dort bleibt. Morgen hole ich dich ab und bringe dich in die Zeitung.«

Mandy schüttelte sich.

»Frierst du?«

»Ein wenig«, gab Mandy zu. »Chance, es fügt sich alles zusammen, nicht wahr?«

»Was?«

»Dieser Anschlag. Jetzt weiß ich, daß auch die anderen Zwischenfälle keine Unfälle waren. Das Kabel an meinem Stuhl, der Bagger, der beinahe die Ladung Steine auf mich geschüttet hätte, der Lastwagen, der beinahe mein Auto erwischt hat, und jetzt das. Irgend jemand versucht, mich umzubringen. Es versucht tatsächlich jemand, mich umzubringen.«

»Ich fürchte, du hast recht«, sagte Chance. Er legte seine Arme um sie und zog sie an sich. »Es tut mir alles so unendlich leid. Es war alles meine Schuld. Ich habe dich da hineingezogen. Ich würde alles in der Welt geben, wenn ich das jetzt rückgängig machen könnte.«

»Nein«, sagte Mandy. »Du hast mir die Information für meine erste Story gegeben, aber die Artikel habe ich selbst geschrieben, und ich bin auch für sie verantwortlich. Niemand sonst braucht für meine Handlungen geradezustehen.«

»Ich wünschte, ich hätte nie davon angefangen«, sagte Chance. »Du hast sicher eine Todesangst.«

»Nein«, sagte Mandy. »Ein bißchen Angst habe ich schon, das will ich zugeben. Da ist aber noch ein Gefühl, das ich viel eindringlicher empfinde.«

»Welches denn?«

»Traurigkeit«, sagte Mandy. »Eine tiefe Traurigkeit.«

»Ja«, sagte Chance. »Es ist traurig, daß zwei Menschen sterben mußten.«

Das war es nicht, was Mandy gemeint hatte, aber sie überlegte voller Schuldgefühl, daß sie eigentlich wegen der beiden Toten Trauer empfinden sollte. Den wahren Grund für ihre Trauer konnte sie Chance aber nicht sagen. Sie war traurig darüber, daß sich all diese Ereignisse während ihrer Beziehung zu Luke Torado abgespielt hatten. Einige verrückte Augenblicke lang hatte sie noch heute abend gedacht, sie sei in ihn verliebt. Sie hatte eine solche Emotion bisher noch nie kennengelernt. Nun aber empfand sie nichts als Verwirrung. Sie konnte schließlich nicht einen Mann lieben, der versuchte, sie umzubringen, oder? Und trotz allem konnte sie ihr Gefühl nicht einfach abstellen.

»Bist du sicher, daß du allein hierbleiben willst?« fragte Chance sie noch einmal, bevor er ging.

»Ich bin sicher«, antwortete Mandy. Sie legte ihm eine Hand auf den Arm. »Vielen Dank, daß du noch mit hochgekommen bist.«

»Gute Nacht«, sagte Chance. »Wir sehen uns morgen.«

Mandy hatte keine Ahnung, wie lange sie schon geschlafen hatte, als sie etwas aufweckte. Sie richtete sich abrupt auf und lauschte angespannt. Dann hörte sie es wieder, ein leises Geräusch am Fenster. Nun war sie neugierig geworden und schaltete ihre Nachttischlampe an, schwang ihre Füße über die Bettkante und ging zum Fenster hinüber.

Es war typisch für Mandy, daß sie auf das Geräusch zuging, statt davor wegzulaufen. Ihre Neugier war stärker als ihre Angst. Sie interessierte jetzt vor allem, wer da am Fenster war, und der Grund dafür erst an zweiter Stelle.

»Wer ist da?« rief sie leise. »Wer ist da am Fenster?«

»Mandy, ich bin's«, antwortete eine Stimme. »Ich möchte mit dir sprechen. Ich muß unbedingt mit dir sprechen.«

»Luke?«

»Bitte, laß mich herein«, sagte Luke. »Vor dem Haus steht ein Polizeiwagen.«

Ohne lange zu überlegen, öffnete Mandy das Fenster. Ein Bein schwang sich herein, und dann folgte der Rest von Lukes Körper. Luke lächelte ihr zu, als er endlich drinnen war.

»Das muß man sich einmal vorstellen«, sagte er. »Hier durch das Fenster einzusteigen, als wäre ich Romeo, der Julia einen Besuch abstattet.«

»Was willst du hier?« fragte Mandy. »Du solltest wirklich nicht mitten in der Nacht hier herumschleichen!«

»Ich weiß eben nicht, wie ich dich sonst erreichen soll«, beschwerte sich Luke. »Meine Anrufe beantwortest du ja nicht.«

»Kannst du mir das verübeln?« fragte Mandy. »Zwei Männer, die mit mir zusammengearbeitet haben, sind schon tot, und heute abend ist mein Auto in die Luft gesprengt worden. Ich hatte nur Glück und habe nicht dringesessen. Autobomben sind doch eine Spezialität der Mafia, oder?«

Luke seufzte und drückte sich mit zwei Fingern die Nasenwurzel zusammen.

»Mandy, du lebst doch noch, oder?«

»Nur aus Zufall«, sagte Mandy. »Ich war zu der Zeit nicht in meinem Auto.«

»Das sollte dir mehr als alles andere beweisen, daß die Mafia nichts damit zu tun hatte. Das soll jetzt nicht wie Stolz am falschen Platz klingen, aber wenn die Mafia dich mit einer Autobombe hätte umbringen wollen, wärst du jetzt tot. Glaub mir, Mandy, ich habe mit all dem nichts zu tun.«

»Und das soll ich dir nach dem Anruf von deinem Onkel Marcello abnehmen?« fragte Mandy.

Ein schockierter Ausdruck trat in Lukes Gesicht. »Was?« fragte er ruhig.

»Letzte Woche, als du nach Jefferson City geflogen bist«, sagte Mandy. »Damals hast du mich doch in deinem Haus alleingelassen. Erinnerst du dich noch daran?«

»Ja.«

»Dein Onkel Marcello hat angerufen. Dein Anrufbeantworter hat den Anruf abgenommen, und deshalb konnte ich zuhören. Ich habe das Band sogar noch einmal zurückgespult. Dabei ist natürlich das rote Signallämpchen ausgegangen, und deshalb hast du von dem Anruf nichts erfahren. Er ist aber gekommen, und ich habe ihn gehört.«

»Und du sagst, daß das mein Onkel Marcello war?«

»Ja«, sagte Mandy. »Er sagte, er wollte Benny Carrell nach Jefferson City schicken, damit er dort einige Dinge für dich erledigt. Später habe ich dann erfahren, wie Benny Carrell etwas ›erledigt‹ – zwei Menschen sind ermordet worden.«

»Das finde ich sehr interessant«, sagte Luke.

»Interessant? Interessant nennst du das?«

»Ja«, sagte Luke. »Besonders weil mein Onkel nie das Telefon benutzt.«

»An dem Tag hat er es eben doch benutzt.«

»Unmöglich.«

»Warum sagst du, das wäre unmöglich?« fragte ihn Mandy. »Ich war doch da! Ich habe ihn selbst gehört!«

»Mandy, mein Onkel kann nicht sprechen.«

»Was soll das denn heißen? Er ist doch hier in diesem Land geboren und kann bestimmt Englisch!«

»Ich wollte damit nicht sagen, daß er nicht Englisch kann, sondern daß er überhaupt nicht sprechen kann. Er hatte Kehlkopfkrebs, und vor einem Jahr hatte er eine Totaloperation.«

»Was?« fragte Mandy mit dünner Stimme. »Was willst du mir hier weismachen?«

»Mandy, über so etwas könnte ich dich doch nicht anlügen«, sagte Luke. »Das läßt sich doch ganz leicht überprüfen. Mein Onkel Marcello hat seit über einem Jahr kein Wort mehr gesprochen. Ich weiß nicht, wer das am Telefon war, aber mein Onkel Marcello war es nicht.«

»Vielleicht hat jemand in seinem Auftrag angerufen«, vermutete Mandy.

»Hat er das gesagt? Oder hat er gesagt, er sei mein Onkel?«

»Er sagte ...« Mandy stockte und überlegte einen Augenblick. »Er hat gesagt, er wäre dein Onkel«, sagte sie schließlich.

»Da ich den Zustand meines Onkels kenne, bleibt nur eine Möglichkeit«, sagte Luke. »Wer das war, hat es speziell für dich getan.«

»Wie meinst du das?«

»Er wußte offensichtlich, daß du da warst, ich aber

nicht, und er wußte auch, daß du den Anrufbeantworter abhören würdest. Das war eine abgekartete Angelegenheit.«

»Wer würde denn so etwas tun?«

»Ich weiß es nicht«, sagte Luke. »Wer profitiert denn im Augenblick am meisten von meinen Problemen?«

»Nein, Luke, Chance würde so etwas nicht tun.«

»Woher weißt du das?«

»Weil ich Chance kenne.«

»Wie du mich kennst?«

»Was?«

Luke seufzte. »Ich wollte nur, du hättest zu mir auch so viel Vertrauen wie zu Chance Bailey«, sagte er. »Ich hätte eigentlich gedacht, daß dein Vertrauen zu mir, deine weibliche Intuition, oder wie du es auch sonst nennen willst, dir sagen würde, daß ich unmöglich all dieser Dinge schuldig sein kann, die du mir vorwirfst.«

»Ganz genau so war es auch«, sagte Mandy leise. »Trotz der überwältigenden Beweise gegen dich habe ich an deine Schuld nie glauben können.«

»Wirklich nicht?«

»Nein«, sagte Mandy. »O Luke, ich wollte, ich hätte mit der ganzen Sache nie angefangen. Wenn ich doch bloß nicht...« Sie sprach den Satz nicht zu Ende.

»Wenn ich doch bloß nicht *was*?« fragte Luke.

»Wenn ich doch bloß nicht dahintergekommen wäre, daß du bei der Ausschreibung geschwindelt hast, dann wäre all das nicht passiert.«

»Du meinst, weil ich offiziell als Eigentümer der Hoch- und Tiefbaufirma Delta geführt werde, die gegen mich geboten hat?«

»Ja.«

»Liebling, das kommt daher, daß ich die Gründungsurkunde mitunterschrieben habe, und *das* kommt daher, daß die wirklichen Eigentümer nur so eine Anleihe von der Bank bekommen konnten. Ich habe mit ihnen einen besonderen Vertrag abgeschlossen, aus dem deutlich hervorgeht, daß ich weder mit der Eigentümerschaft, noch mit den Entscheidungen oder Profiten der Firma auch nur das geringste zu tun habe.«

»Wer sind die wirklichen Besitzer?« fragte Mandy. »Und warum unterschreibst du bei einer Gründungsurkunde deiner Konkurrenz mit?«

»George und Micah Hunt«, sagte Luke. »Es sind Brüder – und sie sind schwarz.«

»Schwarz?«

»Ja. Und weil sie schwarz sind, haben sie von keiner Bank in der Stadt ein Darlehen bekommen.«

»Warum hast du ihnen geholfen? Warst du ihnen etwas schuldig?«

»Eigentlich nicht«, sagte Luke. »Ich bin aber auch gegen Wände gerannt, als ich meine Firma gründen wollte. Vielleicht erinnerst du dich noch daran, daß ich zu der Investitionsgesellschaft Artichocke gehen mußte? Vielleicht wußte ich, wie das ist, wenn man ein Opfer von Vorurteilen wird, ob sie nun auf der Hautfarbe oder auf einer bestimmten Familienzugehörigkeit gegründet sind. Ich hatte auf jeden Fall eine florierende Firma, und mit meinem Geld ist es mir gelungen, die Vorurteile der Bank zu überwinden. Ich bin zu den Hunts gegangen und habe ihnen angeboten, ich könnte ihnen ein Darlehen besorgen. Die Bank konnte zwar manche Vorurteile überwinden, aber nicht alle. Sie hat darauf bestanden, daß ich offiziell als Präsident der Firma erscheine.«

»Als ich dich zum erstenmal danach gefragt habe, hast du gesagt, es würde peinlich, wenn das herauskäme. Warum findest du das peinlich? Ich halte das für eine gute Tat.«

»Manche Kunden der Firma Delta wissen bis heute noch nicht, daß die Gebrüder Hunt die wahren Besitzer sind. Wenn sie es wüßten, würden sie sofort zu einer anderen Firma gehen.«

»Aber Luke, das ist doch Unsinn. Willst du etwa behaupten, daß es heutzutage noch solche Vorurteile gibt?«

»Bist du etwa so naiv und glaubst, es wäre nicht so?« antwortete Luke. »Du lebst doch hier schon viel länger als ich.«

»Ich ... wahrscheinlich hast du recht«, sagte Mandy. »Ich versuche, mich dagegen zu wehren und mich nur mit solchen Leuten anzufreunden, die so denken wie ich. Außerhalb meines Bekanntenkreises gibt es aber noch eine breite Schicht der Bevölkerung, für die sich nichts verändert hat. Mein Gott, Luke, warum hast du mir das bloß nicht von Anfang an gesagt? Überleg doch einmal, was für Aufregungen und Mühen uns das erspart hätte!«

»Mandy, wenn ich gewußt hätte, wie weit die Sache gehen wird, hätte ich es dir erzählt.« Er lachte leise. »Ich habe dich gerade beschuldigt, du wärst naiv. Mir könnte man wahrscheinlich den gleichen Vorwurf machen. Aber glaub mir, Mandy, das ist aber auch schon alles, wessen ich mich schuldig gemacht habe.«

»Ich – ich glaube dir wirklich«, sagte Mandy.

»Ach ja«, sagte Luke. »Da gibt es doch noch etwas, wessen ich mich schuldig gemacht habe.«

»Und zwar?«

»Daß ich dich liebe«, sagte er. Er zog sie an sich und küßte sie lange und leidenschaftlich. Während des Kusses spürte sie, wie sich die Muskeln an Brust und Beinen bewegten, und dann spürte sie den unverwechselbaren Druck seiner Männlichkeit, als seine Sehnsucht nach ihr immer stärker wurde.

Mandy hatte nur ihr Nachthemd an, und sie protestierte nicht, als Luke es ihr auszog. Einen Moment später lagen seine Kleider in einem Haufen auf dem Boden, und sie drängten sich mit nackter Haut aneinander.

Mandy lächelte zu ihm hoch.

»Das letztemal war es in deinem Bett. Dieses Mal ist meines an der Reihe.«

Mandy legte sich in ihr Bett, und ihre glatte Haut leuchtete golden im Schein der Nachttischlampe. Ihre Augen waren weit geöffnet und leuchteten mit einem inneren Glanz, und ihre Zunge fuhr über ihre Lippen und machte sie weich und glänzend.

Plötzlich wurde es Mandy klar, daß das der zweite Mann war, dem sie sich in dieser Nacht hingeben würde. Das verlieh ihr ein berauschendes Gefühl von Verworfenheit, und sie zitterte leicht in hedonistischer Freude.

Luke kam zu ihr und ließ sich neben sie auf das Bett fallen. Sie öffnete ihm freudig die Arme, zog ihn an sich, öffnete sich ihm, nahm ihn in sich auf und verlor sich in der unglaublichen Ekstase des Augenblicks. Sie gab sich ihm völlig hin, und ihr Fleisch vereinigte sich. Die Erfüllung war ein ständiges, explosives Potential und wäre leicht zu erreichen gewesen, aber sie schoben sie beide hinaus, um die herrliche Qual der Suche nach ihr zu verlängern. Als sie schließlich kam, war sie weit mehr als die kurze körperliche Wonne. Luke hatte den tiefsten, verborgensten Teil von Mandy berührt. Nun fühlte sie wie er, dachte wie er, und für einen kurzen Augenblick im Fluß der Ewigkeit stand die Zeit still, und sie wurden eins.

Danach lagen sie im sanften Licht der Nachttischlampe einen langen, langen Augenblick nebeneinander, ohne sich zu berühren oder zu sprechen. Sie blieben stumm, weil sie diesen Augenblick erhalten wollten, um ihn für immer in den tiefsten Kammern ihres Herzens zu verschließen.

Mandy dachte an ihr vorausgegangenes Erlebnis mit Chance. Es war angenehm gewesen, aber das Vergnügen, das sie mit ihm erlebt hatte, war im Vergleich mit dem Sturm der Leidenschaft, der sie zusammen mit Luke überwältigt hatte, nur eine sanfte Brise. Sie hatte in ihrem Herzen keine Zweifel mehr. Sie liebte Luke, und an seiner Seite würde sie stehen. Ihr Talent als neugierige Reporterin würde von jetzt an ausschließlich eingesetzt werden, um ihn von allen Vorwürfen reinzuwaschen. Sie mußte all den Schaden wiedergutmachen, den sie angerichtet hatte. Sie hatte nun absolutes Vertrauen zu ihm.

Sie schnappte nach Luft.

»Was ist denn?« fragte Luke, legte einen Arm um sie und zog ihren Kopf an seine Schulter. »Fehlt dir etwas?«

»Luke, ich weiß jetzt, daß du unschuldig bist«, sagte Mandy. »Aber...«

»Aber was?« fragte Luke sanft.

»Aber irgend jemand versucht, mich umzubringen«, sagte sie.

13

Schlagzeile im *Bootheel Examiner*:

POPLAR-BLUFF-BAUSTELLE WIEDER ERÖFFNET

Morgen neuer Baubeginn für Todaro

Sikeston ... Nach einer offiziellen Verlautbarung der Straßenbaubehörde von heute werden die Bauarbeiten an dem Straßenbauprojekt Poplar Bluff wieder aufgenommen. Sie waren eingestellt worden, nachdem im Zusammenhang mit der

Vergabe des Bauauftrags von betrügerischen Machenschaften die Rede gewesen war.

»Die Behörde hat alle Aspekte der Ausschreibung und der Vergabe des Bauauftrags sorgfältig geprüft«, hieß es in der offiziellen Verlautbarung des Sprechers. »Wir sind zu der Überzeugung gekommen, daß es keinerlei Unregelmäßigkeiten dabei gegeben hat. Der Bauauftrag wurde für weniger als die veranschlagte Summe vergeben, und die bisher geleistete Arbeit war zufriedenstellend. Die Anschuldigung, daß Todaro beide an der Ausschreibung beteiligte Firmen gehören, konnte entkräftet werden. Mr. Todaro hat mit der Hoch- und Tiefbaufirma Delta nichts zu tun, und von einem Interessenkonflikt kann daher nicht die Rede sein.«

Der Senatskandidat Chance Bailey hat gegen die Erneuerung des Bauauftrags mit der Begründung protestiert, es läge genug Beweismaterial für eine Beteiligung der Mafia vor, um einen totalen Baustopp zu rechtfertigen, bis die Anschuldigungen einwandfrei bewiesen oder widerlegt sind.

Die Behauptung, die Mafia sei in die Vorgänge verwickelt, wird zur Zeit ebenso wie die im Gangsterstil durchgeführten Morde an dem Reporter Mike Swain und dem Angestellten der Straßenbaubehörde Abner Poole noch untersucht.

»Sie haben uns verkauft!« sagte Peter Hawkins wütend, als Mandy in Chance Baileys Wahlkampfzentrale kam. Er knallte ihr die Zeitung auf den Tisch. »Sie sind uns in den Rücken gefallen!« sagte er.

»Peter!« rief Chance durch die offene Tür seines Büros. »Jetzt reicht es aber!«

Peter stand von seinem Schreibtisch auf, warf empört seine Hände in die Luft und kehrte Mandy den Rücken zu.

»Sie ist ein – ein Judas!« sagte er. Er drehte sich um und sah Mandy mit einem fast schmerzerfüllten Gesichtsausdruck an. »All die Arbeit, all die vielen, vielen Stunden und Tage und Monate voller Anstrengungen, die wir für diesen Wahlkampf verwendet haben, und Sie machen uns mit einem einzigen Artikel alles kaputt.«

»Peter, ich bin Journalistin«, sagte Mandy. »Ich bin verpflichtet, die Wahrheit zu schreiben, wenn ich sie kenne.«

»Und was ist die Wahrheit?« gab Peter wütend zurück. »Daß Sie Chance mit Ihrem Versprechen, Sie wollten ihn unterstützen, an der Nase herumgeführt haben, während Sie die ganze Zeit nur auf eine Gelegenheit gewartet haben, uns in den Rücken zu fallen?«

»Peter, ich habe Ihnen doch gesagt, es reicht jetzt«, sagte Chance noch einmal und kam zu ihnen herüber. »Mandy hat nicht mehr als ihre Pflicht getan, und ich respektiere sie dafür.« Er streckte eine Hand nach ihr aus. »Möchtest du dich vielleicht mit mir in meinem Büro zusammensetzen und die Angelegenheit durchsprechen?« fragte er sie.

»Ja, das wäre schön«, antwortete Mandy.

»Kaffee?«

»Den könnte ich vertragen.«

Chance holte zwei Tassen Kaffee und ging mit ihr in sein Büro. Der Raum war früher, als in dem Gebäude noch ein Möbelgeschäft gewesen war, das Büro des Verkaufsleiters gewesen und deshalb rundum verglast, so daß Mandy und Chance selbst bei geschlossenen Türen gesehen werden konnten und auch selbst sahen, was draußen vor sich ging. Peter, der offensichtlich noch immer vor Wut kochte, ging zu seinem Schreibtisch zurück.

»Ich hoffe, du kannst Peter noch einmal verzeihen«, sagte Chance, als sie sich hingesetzt hatten. »Er hat an dieser Kampagne hart gearbeitet. Wenn wir verlieren, wird er das wohl schwerer verkraften als ich.«

»Er ist ein Schmarotzer«, sagte Mandy. »Er ernährt sich von deiner Macht.«

»Eigentlich schon«, sagte Chance. »Soweit ich das aber beurteilen kann, hat kein Politiker Erfolg, wenn er nicht jemanden wie Peter zu seiner Unterstützung hat. Einen politischen Gorilla, sozusagen.«

»Einen was?« fragte Mandy.

Chance lachte. »Entschuldigung, unter den gegebenen Umständen ist der Vergleich wohl etwas unpassend, was? Ich habe damit bloß sagen wollen, daß er der Mann ist, der mir alle unangenehmen Details abnimmt. Mandy, ich – ich hoffe, du weißt, was du tust.«

»Ich weiß genau, was ich tue«, sagte Mandy.

»Du bist also wirklich davon überzeugt, daß Todaro völlig unschuldig ist?«

»Ja.«

»Und wie erklärst du dir dann die Anschläge auf dich?«

»Die Sache mit dem Stromkabel und die Ladung Steine, die heruntergefallen ist, waren meiner Ansicht nach echte Unfälle.«

»Und der Lastwagen, der beinahe dein Auto erwischt hätte?«

»Das war Billy Ray. Weißt du noch, das war der Mann, der mich damals im ›Ramada‹ angesprochen hat. Er hat zugegeben, daß er mir bloß eine ›Lektion erteilen‹ wollte. Er hat gesagt, er hätte nicht vorgehabt, mich wirklich anzufahren.«

»Und das glaubst du?«

»Er hat das Auto nicht angefahren«, sagte Mandy.

»Du hast ja nicht dringesessen. Vielleicht hat er das im letzten Augenblick bemerkt und ist deshalb ausgewichen.«

»Vielleicht«, sagte Mandy. »Aber unter den gegebenen

Umständen ziehe ich es vor, ihm seine Version zu glauben.«

»Na schön, aber damit bleiben trotzdem noch einige Fragen offen«, sagte Chance.

»Ich weiß«, stimmte ihm Mandy zu.

»Wer hat Poole und Swain ermordet?«

»Das weiß ich auch nicht«, sagte Mandy.

»Bis wir das nicht herausgebracht haben, bist du nicht sicher, und solange werde ich mir auch Sorgen um dich machen«, sagte Chance.

Mandy lachte nervös. »Chance, ganz ehrlich gesagt mache ich selbst mir auch etwas Sorgen.«

»Wenn ich irgend etwas für dich tun kann, ganz gleich, was es auch sein mag, laß es mich bitte wissen«, sagte Chance.

»Vielen Dank«, sagte Mandy. Sie sah Chance an und holte tief Luft. Sie hoffte, sie würde ihm mit ihrer Eröffnung nicht allzusehr weh tun. Sie war zwar nicht verliebt in ihn, aber sie mochte ihn sehr. »Chance?«

»Ja?«

»Chance, ich liebe Luke Todaro«, sagte sie. »Ich werde ihn heiraten.«

Nach einer langen Stille sagte Chance: »Kommt das alles nicht sehr plötzlich?«

»Nicht so plötzlich, wie es vielleicht den Anschein hat«, sagte Mandy. »Es ist eine Möglichkeit, die mir schon bewußt war, seit ich mit dieser Artikelserie angefangen habe.«

»Ich verstehe«, sagte Chance. »Das war es also, was Peter mir sagen wollte.«

»Was?«

»Er hat mir erzählt, daß du eines Abends passenderweise vor Lukes Haus deine Schlüssel verloren hast, und dann hat er angedeutet, daß das noch lange nicht alles war, aber davon wollte ich nichts hören. Wahrscheinlich hätte ich ihm doch zuhören sollen.« Er holte tief Luft. »Aber das ist jetzt gleich. Ich hoffe, daß du sehr glücklich wirst, Mandy, ganz ehrlich. Du bist...«

»Großer Gott!« sagte Mandy plötzlich. Sie wurde totenblaß und sah durch die Scheibe zu Peter hinaus. Chance bemerkte besorgt Mandys Gesichtsausdruck und sah ebenfalls hinaus, aber da war nur Peter, der mit dem Telefon beschäftigt war.

»Mandy, was ist denn?«

»Der Anruf«, sagte Mandy. »Chance, erinnerst du dich noch, daß ich dir von Marcellos Angebot erzählt habe, Benny Carrell nach Jefferson City zu schicken, damit er dort Luke aushelfen könnte?«

»Ja.«

»Der Anruf war fingiert. Jemand hat sich am Telefon als Marcello ausgegeben, aber dieser Jemand wußte nicht, daß Marcello Kehlkopfkrebs hat und deshalb nicht mehr sprechen kann. Das einzige, was er sicher wußte, war, daß ich die Nacht dort verbracht habe und erst am Morgen wieder weggefahren bin, nachdem Luke schon aus dem Haus gegangen war. Er wußte außerdem, daß ich der Versuchung nicht widerstehen könnte und den Anruf abhören würde, nachdem der Anrufbeantworter ihn angenommen hatte. Es wußte aber kein Mensch, daß ich in Lukes Haus war, außer Luke – und dem Mann, der mich am Vorabend von den Bäumen aus beobachtet hatte.«

»Von den Bäumen aus beobachtet?«

»Ja«, sagte Mandy. »Ich wußte, daß da jemand war. Ich wußte es einfach. In meiner Angst habe ich dann meine Schlüssel fallengelassen.«

»Du hast deine Schlüssel fallengelassen? Das hat mir Peter doch erzählt«, sagte Chance.

»Ja. Und wenn er das wußte, muß er auch der Anrufer gewesen sein.«

»Genau, er hat angerufen. Er muß es gewesen sein. Mein Gott, Mandy, das bedeutet, daß er auch Poole und Swain hat ermorden lassen.«

»Bestimmt nicht«, sagte Mandy. Durch die Scheibe sah sie, wie Peter den Hörer auflegte und zu der Tür des Büros kam. Unwillkürlich zuckte sie zurück, als er hereintrat.

»Doch, Miß Powers, ich fürchte, ich habe tatsächlich Poole und Swain erschießen lassen. Sie selbst waren unwichtig, aber durch den Mord an ihnen wurde das Netz von Schuld enger, das ich um Todaro geknüpft habe«, sagte Peter.

Mandy blieb die Luft weg.

»Woher wissen Sie eigentlich, worüber wir gesprochen haben, zum Teufel?« fragte Chance wütend.

Peter lächelte und deutete auf das Telefon auf Chances Schreibtisch.

»Das ist ganz einfach«, sagte er. »Ich habe eine Abhöranlage in Ihrem Büro angebracht, die mit meinem Telefon verbunden ist. Wenn es so aussah, als würde ich telefonieren, während Sie hier drinnen Ihre Konferenzen abhielten, habe ich in Wirklichkeit zugehört. In meiner Lage ist es absolut lebenswichtig, genau informiert zu sein. Ganz schön schlau, meinen Sie nicht auch?«

»So könnte man es wohl nennen«, sagte Chance.

»Aber natürlich. Ich bin eben ein schlauer Bursche«, sagte Peter. »Sie werden sich vielleicht daran erinnern, daß ich auf die Idee kam, Todaro als Anlaß für eine öffentliche Kampagne zu benutzen. Wir mußten schließlich etwas unternehmen, nicht wahr? Nach den Meinungsumfragen waren wir in der Gunst der Öffentlichkeit um drei Punkte gesunken.«

»Für einen so schlauen Burschen wie Sie haben Sie aber

einen dummen Fehler gemacht, als Sie sich am Telefon als einen Mann ausgegeben haben, der nicht mehr sprechen kann«, sagte Mandy.

»Ich hätte mir natürlich nie träumen lassen, daß Marcello Todaro seine Stimme verloren hat«, sagte Peter. »Außerdem wäre ich beinahe trotzdem damit durchgekommen. Nach den beiden Morden war jedermann bereit, daran zu glauben, daß die Mafia irgendwie ihre Finger in der Sache hat.«

»Wie haben Sie die beiden umgebracht?« fragte Chance. »Sie waren doch nicht in Jefferson City.«

»Das hat Benny Carrell erledigt, wie das alle vermutet haben«, sagte Peter. »Das war alles ein Teil meines Plans. Wenn Benny Carrell der Täter war, bedeutete das fast sicher, daß die Mafia ihre Hand im Spiel hatte, und von der Mafia war es kein großer Schritt mehr bis zu Todaro.«

»Und wie haben Sie ihn dazu gebracht, die Morde für Sie zu begehen?« fragte Mandy.

»Das war ganz leicht«, sagte Peter. »Ich habe ihm gesagt, er würde damit helfen, daß Chance gewählt wird, und ich konnte ihn davon überzeugen, daß es für ihn viele Vorteile bringen könnte, einen Freund bei der Staatsregierung zu haben. Die Aussicht fand auch er sehr attraktiv, und er hat mir gern geholfen.«

»Und die Bombe?« fragte Mandy. »Warum haben Sie die Bombe gelegt? Wollten Sie mich wirklich umbringen?«

»Nein. Die Bombe war sozusagen nur der Zuckerguß«, sagte Peter lächelnd. »Warum sollte ich Sie denn umbringen? Sie waren für uns lebendig viel mehr wert, weil Sie dann mit Ihrer Artikelserie weitermachen konnten. Als tote Märtyrerin hätten Sie uns nicht viel gebracht.«

»Eine letzte Frage habe ich noch«, sagte Chance.

»Sie wollen mich nach dem Grund fragen, nicht?« fragte Peter.

»Ja. Warum haben Sie das getan?« wollte Chance wissen.

»Weil wir eine Chance hatten, ganz groß rauszukommen, Sie und ich«, sagte Peter. »Sie haben das Geld, die Persönlichkeit und alles, was Sie für einen Erfolg in der Politik brauchen. Das einzige, was Ihnen fehlt, ist der Killer-Instinkt, und den habe ich. Wir waren ein perfektes Team.«

»Für einen Sitz im Senat haben Sie all das getan?« fragte Chance.

»Für einen Sitz hier im Senat? Das ist doch gar nichts. Dabei wäre es nicht geblieben. Wir wären zusammen in den US-Senat eingezogen, und dann ins Weiße Haus. Überlegen Sie sich das einmal, Chance. Sie hätten Präsident der Vereinigten Staaten werden können.«

»Lächerlich«, mokierte sich Chance.

»Das ist keineswegs lächerlich«, sagte Peter. »Sie hätten Präsident werden können. Es lag in meiner Macht, Sie zum Präsidenten zu machen. Die Ehre und der Ruhm, all das hätten Sie gehabt – aber die Macht, die echte Macht, Chance, die hätte ich in der Hand behalten.«

»So einen größenwahnsinnigen Unsinn habe ich in meinem ganzen Leben noch nicht gehört«, sagte Chance.

»Na ja, jetzt werden wir es nie erfahren, ob ich doch recht hatte, nicht wahr?« sagte Peter. »Jetzt werde ich mir einen anderen Trottel suchen müssen, um ihn aufzubauen, wie ich Sie aufgebaut habe. Ich habe nämlich nicht die Absicht, meine Zukunftsträume aufzugeben.«

»Wie kommen Sie auf die Idee, daß Sie noch eine Zukunft haben?« sagte Chance. »Ist Ihnen nicht klar, daß wir Ihr Geständnis bei der Polizei wiederholen werden?«

Peter lächelte.

»Ich fürchte, daraus wird nichts«, sagte er. Er zog eine Pistole aus der Tasche und verdeckte sie mit seinem Pullover. »Wir drei gehen jetzt nämlich weg. Wir machen eine kleine Spazierfahrt zum Stadtpark. Dort wird Sie eine völlig verstörte Miß Powers erschießen, und dann wird sie Selbstmord begehen. Ich werde natürlich meiner tiefen Trauer Ausdruck verleihen, und so weiter. Diese Wahl muß ich wohl abschreiben, aber der Apparat, den ich für Sie aufgebaut habe, ist noch intakt. Mir fehlt nur ein anderer Kandidat, und den finde ich ohne Schwierigkeiten.«

»Sie sind verrückt«, sagte Chance. »Das ist doch reiner Größenwahn. Was meinen Sie überhaupt mit Apparat? Es gibt keinen Apparat, nur eine Gruppe von Männern und Frauen, die für das arbeiten, was sie für richtig halten. Sie kontrollieren sie jetzt nicht, Sie haben sie in der Vergangenheit nicht kontrolliert, und in Zukunft wird Ihnen das auch nicht gelingen.«

»Na ja, darüber brauchen Sie sich ja keine Gedanken mehr zu machen«, sagte Peter. Er gestikulierte mit seiner Pistole. »Also los«, sagte er.

Chance und Mandy hatten keine Wahl. Sie mußten sich seinem Befehl fügen und gingen durch die Bürotür der Wahlkampfzentrale hinaus.

»Peter, was ist mit dem Interview im Fernsehen?« rief jemand. »Ist das noch für morgen geplant?«

»Ja«, antwortete Peter. Er lachte in sich hinein. »Sie werden sich wundern, was das für ein Interview ist.«

Als sie auf die Straße hinausgingen, sah Mandy voller Überraschung, daß Luke auf sie zukam.

»Luke? Was machst du denn hier?« fragte sie.

»Ich wollte mit Mr. Bailey sprechen«, sagte Luke. »Ich dachte, in einem persönlichen Gespräch könnten wir verschiedene Mißverständnisse aus dem Weg räumen.«

»Verschwinden Sie«, sagte Peter grob. »Wir haben für Sie jetzt keine Zeit.«

Luke war über Peters Unhöflichkeit überrascht und sah Chance an.

»Spricht Ihr Lakai für Sie?« fragte er.

»Ich fürchte, ich habe keine andere Wahl«, sagte Chance.

»Keine Wahl? Was soll das heißen?«

»Ich sagte, Sie sollen verschwinden!« sagte Peter und machte eine heftige Armbewegung, um seine Aufforderung zu unterstreichen. Dabei rutschte sein Pullover zur Seite, und Luke sah die Pistole.

»Was soll das?« fragte Luke. »Was ist hier eigentlich los?«

Luke war nicht der einzige, der die Pistole sah. Auch ein halbes Dutzend Passanten auf dem Bürgersteig bemerkten sie, und eine Frau schrie laut auf.

»Ihr Idioten!« sagte Peter. Er trat zurück und hielt alle mit seiner Pistole in Schach. »Ihr Idioten, ihr habt alles ruiniert!«

Mandy sah Billy Ray aus Lukes Auto aussteigen. Peter zog sich rückwärts von den anderen zurück, hielt sie weiter mit seiner Pistole in Schach und plapperte fast zusammenhanglos vor sich hin. Er hörte Billy Ray nicht, der von hinten leise auf ihn zukam. Billy versetzte ihm einen schnellen Handkantenschlag ins Genick, und Peter sank wie ein Mehlsack auf den Bürgersteig. Seine Pistole fiel klappernd neben ihm auf den Boden, und Billy nahm sie schnell an sich und gab sie Luke.

»Das ist für Sie, Boß«, sagte Billy Ray. »Ich glaube, der wird Ihnen keine Schwierigkeiten mehr machen.«

Luke lächelte. »Billy Ray wollte mitkommen, um sich bei dir zu entschuldigen.«

»Entschuldigung angenommen«, sagte Mandy.

»Billy Ray, würden Sie bitte für unseren Freund hier einen Polizisten holen?« sagte Chance. »Er hat eine interessante Geschichte zu erzählen.«

»Peter war derjenige, der sich am Telefon als dein Onkel ausgegeben hat«, erklärte Mandy Luke.

»Und die beiden Morde in Jefferson City hat er auch veranlaßt«, warf Chance ein. Er hielt Luke seine Hand hin. »Mr. Todaro, wenn Sie meine Entschuldigung ablehnen und mich niederschlagen, so kann ich das gut verstehen«, sagte er. »Trotzdem möchte ich Ihnen meine Entschuldigung anbieten. Ich kann mich nur damit rechtfertigen, daß ich glaubte, ich hätte recht. Ich gebe auch zu, daß ich die Angelegenheit benutzen wollte, um politisches Kapital daraus zu schlagen, aber ich wußte nicht, daß ich einen Unschuldigen verfolge. Es tut mir ehrlich leid.«

Luke lächelte. »Ich bin mit der Hoffnung hergekommen, daß wir die Sache aus der Welt schaffen könnten«, sagte Luke. »Ich weiß, daß Mandy viel von Ihnen hält, und wenn sie jemanden mag, kann das kein schlechter Mensch sein. Wenn das möglich ist, möchte ich, daß wir Freunde werden.«

»Es ist möglich«, sagte Chance, lächelte Luke zu und schüttelte ihm die Hand. »Passen Sie gut auf sie auf! Sie bekommen eine einmalige Frau.«

»Eigentlich ist es schade, daß er seine Kandidatur zurückgezogen hat«, sagte Luke am nächsten Morgen. Er saß mit Mandy in seinem Haus und sah sich die Nachrichten im Fernsehen an, in denen gerade von Chances Entscheidung berichtet worden war. »Ich glaube nämlich, er hätte einen verdammt guten Senator abgegeben.«

»Wenn sich die ganze Aufregung wegen dieser Sache gelegt hat, kann er vielleicht wieder kandidieren«, meinte Mandy.

»Vielleicht«, sagte Luke. »Ich muß aber zugeben, daß ich im Augenblick an meinen eigenen langfristigen Plänen mehr interessiert bin. Ich meine natürlich *unsere* langfristigen Pläne.«

»So, nur an den langfristigen Plänen?« neckte ihn Mandy und legte ihm einen Finger auf die Lippen.

»Schwebt dir da etwas Konkretes vor?« fragte Luke.

»Ich habe eigentlich mehr an unsere direkte Zukunft gedacht«, sagte Mandy. »So ungefähr an die nächste halbe Stunde.«

Sie ließ ihre Finger von seinen Lippen zu seinem Hals wandern, und von dort zu den Knöpfen seines Hemds. Einen Moment später spielte sie mit den Haaren auf seiner Brust.

»Oh, mach dir keine Gedanken«, sagte Luke. »Für unsere unmittelbare Zukunft habe ich auch Pläne.«

»An was denkst du da?« fragte sie. Inzwischen war sein Hemd ganz aufgeknöpft, und ihre Hände bewegten sich über sein heißes Fleisch. Auch seine Hände waren nun beschäftigt, und sie spürte sie an ihren Brüsten, wo sie ihre Nippel in prickelnde Erregung versetzten. »Zeig mir, welche Pläne du für unsere unmittelbare Zukunft hast.«

Luke senkte seine Lippen in einer leidenschaftlichen Demonstration seiner Pläne auf ihren Mund. Ungeduldige Hände warfen unerwünschte Kleider beiseite, und einen Augenblick später spürte Mandy das herrlich vertraute, aber zugleich fast schmerzlich erregende Gefühl seines nackten Körpers an ihrer Haut.

Sie murmelten sich Zärtlichkeiten zu, sagten sich leidenschaftliche Beteuerungen ihrer Sehnsucht füreinander, während sie ihren Körper zu ihm hochwölbte und ihm und seiner erregten Männlichkeit die weiche Innenhaut ihrer Schenkel darbot. Luke senkte sich auf sie herab, und es war schwer, noch eine Trennung zwischen ihren beiden Körpern zu spüren.

Luke drückte seine Lippen auf ihren Mund, erforschte ihn mit seiner Zunge, aber es war mehr als nur ein leidenschaftlicher Kuß. Es war ein Kuß voller Wunder, ein Kuß der Erforschung, dessen Geschmack namenlos war, der sich aber nur bei Liebenden findet. Sie nahm mit ihrem Mund seine Lippen und seine Zunge begierig auf, und dann öffnete sie sich, nahm ihn tief in sich auf und drang mit ihm zusammen in den herrlichen Tunnel der Begierde ein. Es war ein Tunnel, der kein Ende kannte, nur Versprechen; und Mandy wußte, daß sie ihn in Lukes Armen nie verlassen würde.